臺諺55走跳江湖

臺灣俗諺教會我的處世眉角

臺南市政府顧問、南部補教業龍頭

周博

推薦序

李明／磐儀科技股份有限公司董事長

本書作者柏均（周博）是我的新營鄉親，很高興看到故鄉的年輕人從平凡的生活中寫出精采的人生，娓娓道來如何將臺灣俗諺的先民智慧實踐在周遭事物，平實、貼切且耐人尋味。他在生活與工作中細微觀察當地士紳典範，並將從中獲得的體悟詳實記錄，分享成書，其見微知著與胸懷萬里的精神值得敬佩與學習。

柏均追隨一位勇於任事的老闆，透過持續學習發展出極致服務，後來成為一名創業家與經營者，我在其「苦、誠、恆、善」的過程中充分享受他的生命故事，書中情景躍然紙上，特別是他近距離觀察臺灣百工百業的酸甜苦辣，其拚搏的熱情、追求真善的生命力，淺顯易懂且富有感染力。

還記得今年過年的某一天，我在星巴克遇見柏均，當時我正在等朋友談事情，他熱情地向我分享自己的近況，並邀請我為他的新書寫序。就在我的朋友抵達後，柏均再度熱情地走了過來，主動向我們打招呼，還買了兩杯熱拿鐵給我們。此看似簡單的舉動讓我感受到他的真誠與溫暖，也印證了他在書中分享的處世哲學和學習態度。

由臺灣看世界，由世界看臺灣，自信與競爭力是臺灣人的優勢，若能從中理出康莊大道並善用智慧，臺灣肯定是最棒的人間天堂。當擁有海納百川的胸襟和視野，才能在瞬息萬變的世界脈動中吸取精髓，自我提升。無論世界如何變動，我們都要精準掌握應變之道。我在柏均的這本《臺諺55走跳江湖》中，看見臺灣人獨特的生命力與軟實力，是一本值得再三品味且發人深省的佳作。

推薦序

徐重仁／臺灣流通業教父、重仁塾塾長

二〇一五年四月十一日，我在臺灣大學農經系大講堂的一場演講上，第一次認識周博這位年輕人，當時他還是臺大農經所的學生。當天演講後的Q＆A，他問了三個問題，也帶著幾本我的著作請我簽名。當晚我立刻加了他的臉書，發訊息給他：「周博：你的熱忱和用功讓我印象深刻，你的創業將來一定會成功的，需要我幫忙的地方不必客氣。加油！」

從那之後，我陸續邀請周博到全聯總部，跟他談談我的經營哲學，也關心他的求學近況、補教事業；二〇一七年我接受《Cheers》雜誌200期專訪，並帶著周博和璁鈺兩位塾生一同前往，向他們分享做人做事和經營事業都要培養互助與利他的精神；後來也邀請周博協助重仁塾在南部地區的推廣，他們幾位年輕的南部創業家每個月都會透過導讀我的書，深化利他共好的理念，讓社會更美好。我所成立的臺灣美化協會，在某些清掃活動的場合也會看到周博的身影，透過彎腰清掃來磨練心志。

認識周博到現在近六年的時間，我對他努力學習的精神印象深刻。當他向我提出他的新書即將發表，希望我幫他寫推薦序時，我欣然答應。這是一本關於臺灣俗諺結合其求學、工作、創業等歷程的書籍。我和周博都是臺南人，在臺南大街小巷隨時都聽得到者老們講著道地的臺灣俗諺，這是流傳已久的智慧結晶。這本書引用的五十五則臺灣俗諺，是周博融會貫通其中奧義後，應用在自己人生的精采故事。

書中許多俗諺與我的理念一致，包括「做人著認真，做事著頂真」、「軟土曝久也會碇」、「半暝刣豬，嘛是天光賣肉」等等。我常勉勵年輕人要深耕專業能力，把基礎打好，才能走得穩健，走得長遠；同時也要有著善良的心，想著如何利他共好。誠摯推薦周博的這本書，一定會讓讀者有更深的閱讀體驗。

推薦序

黃偉哲／臺南市市長

周博是我的市政顧問，他畢業於國立臺灣大學農業經濟研究所與國立嘉義大學行銷流通研究所，其自行創立的卓越文教事業目前為北臺南最大的連鎖教育機構。除了擁有扎實的雙碩士學歷與成功實務的創業經歷外，他也長期擔任公部門與私人企業顧問，包含行政院全國創新創業總會創業顧問等。

周博一路走來的卓越表現受到遠流青睞，因而出版《臺諺55走跳江湖》一書。本書的定位在市場上相當少見，將充滿文化蘊含的臺灣俗諺融合其豐富的人生閱歷，必定會帶給讀者不少收穫。從事教育工作的他，也透過本書善盡推廣臺灣文學的使命，對於臺灣文化有興趣的人，這是一本非常好入門的書籍！

推薦序

蔡其昌／立法院副院長

周博是我的老朋友，他除了擁有臺大農經和嘉大行銷雙碩士之外，更自己成立卓越文教事業，目前也在中興大學攻讀第三個碩士，是一位學經歷豐富又好學進取的年輕創業家。經營文教事業上，他長期推廣臺灣本土文化和民間語言，相當用心。本書將臺灣俗諺作為主幹靈魂，貫穿每一則自身打拚的故事，讓讀者更能吸收這些古老智慧背後的核心意涵。

根據教育部《臺灣本土語言調查報告》，相較於一九四五年之前出生的人說臺語的比例達七一．四％，一九八六年至一九九四年出生的人卻降到二二．三％，再再顯示推廣臺灣文學刻不容緩。大力推薦遠流幫周博出版的這本《臺諺55走跳江湖》，一定能讓更多人走進臺灣俗諺的美，理解其中精髓。

推薦序

賴惠員／立法委員

柏均是我自二〇〇八年踏入政治圈從事政治工作以來的第一位助理。即使他在二〇一三年離開服務處自行創業，他卻始終在我的身邊，讓我感到非常窩心。

政治是一門為眾人服務的志業，舉凡不同年齡、性別、職業的族群，都是我們要服務的對象。我和柏均兩人從無到有地摸索，每天朝夕相處，一起創造許多回憶，經年累月下來也增進不少對民眾的觀察力與同理心。他常跟我說：「阿姨，感謝您在服務處那段期間栽培我，給予我歷練的舞臺與機會。」但我總覺得「師父領進門，修行在個人」，在他身上，我看到努力不懈、永不放棄的決心。

讀著柏均的這本文稿，好多回憶瞬間湧了上來。每一則結合臺灣俗諺的職場故事帶出政治工作第一線的眉眉角角，一定會對閱讀本書的你有大大的幫助。

自序

我是周博，本名周柏均，在南臺灣土生土長，曾任民意代表服務處主任、競選團隊總召，現為臺南市政府顧問、全國創新創業總會創業顧問、連鎖補習班卓越文教事業共同創辦人。

八〇年後出生的我，內心卻住著一個五、六十歲的老靈魂。在這個年代，當人人都說「能走網路就別走馬路」、人人都在追求「快速致富」和「財務自由」，我卻選擇用最「傳統」的方式——努力再努力、堅持再堅持，並將「與人為善」和「利他共好」作為終身的價值觀。

我曾經每天上演從嘉義騎機車趕到臺南新營工作，半夜結束後再騎回嘉義寫論文的戲碼，每個月工作超過四百小時，還累到睡在路邊，甚至差點出車禍。這樣的窒息式行程，我過了整整四、五年。你或許會笑我傻，就連我的遠流主編都常吐槽我八股。

大學時期我立下創業的目標，為了累積相關資源和人脈，我踏入政治圈，使我深深感受到走一條與大家不同的路所面臨的反撲與挑戰。

「年輕人搞什麼政治？」

「趕快畢業，趕快找一份『正當』工作！」

這些話在我的耳邊重播不下數十次。沒錯，人人都拒政治於千里之外，因為政治是極致的腹黑學。

「只要有人的地方，就有政治。」

「有關係就沒關係。」

你應該也聽過這樣的話。我想這些話的核心意涵並不是非法謀取不當利益，而是強調人脈的重要性。我深深明白，**政治就是全世界最強的人脈網，也是最強的顧問公司**。在政治圈多年的操練，使我在逆境中的適應力變得很強。

我也曾面臨許多誘人的條件、可以立即翻身的機會，但相對的，我看過太多的人情冷暖、一夕樓塌的故事。**走得穩、走得久，比走得快還重要。把基本功磨練好，階段性的躍起會更迅速、更扎實。不是什麼特別的觀點，但是學問很大**。做了十幾年的「笨蛋」，我有很多心得：不計較，所以有很多學習機會；不計較，所以得到很多貴人相助；不計較，所以收穫滿滿。

這是一本「熱血沸騰」的書。一晃眼從創業的夢想萌芽，直到開設七間直營店，已經走了七年。當年我和兩位國中死黨一人各出三十多萬，湊齊一百萬，就是我們白手起家的第一桶創業金。那時真的是能省則省，我們都是利用半夜的時間騎機車搬運課桌椅、開貨車載材料，再自己刷油漆、做木工、掛招牌……想起來真是熱血。雖然我們已邁入三十多歲，但熱血、衝勁不打折，依舊如年輕時的我們。

書寫這本書的初心，不僅僅是分享一路走來的酸甜苦辣，更重要的是，讓也在夢想路上前進的你知道，只要肯努力，白手起家也能闖出一片天。如果你和我一樣覺得自己很平凡，既非天資聰穎，更沒有富爸爸撐腰，但是仍想活出自己的人生，實現理想的生活，我相信這本書可以帶給你啟發。希望在你未來的某一天，能夠告訴以前的自己：

「謝謝你過去的努力和堅持，造就現在的我。」

這本書汲取了先人的智慧，以五十五句臺灣俗諺貫徹全書，並分為「苦」「誠」「恆」「善」四大章節。每一句臺灣俗諺都有著它的美、它的哲理、它的智慧，並且完整體現了我的草根性強、深諳世故，以及苦幹實幹的「臺味」。

我臺我驕傲。我臺我成功。

堅定人生志向，我持續23年。
養成閱讀習慣，我持續17年。
決定奮發向上，我持續16年。
多工累積實力，我持續12年。
卓越文教事業，我持續7年。
每週運動三次，我持續2年。
人生第一本書，我持續1年。
只認一位老闆，我永無止境。
追求更好人生，我永無止境。

周博

CONTENT

二 誠篇 做人的哲理——江湖走跳重承諾

三 恆篇 慢，即是快——眼光放遠，贏在終點

四 善篇 行走在「善循環」的道路上——人與人之間，不是只有新臺幣

一 苦篇

吃苦的差異化

「我認真拍拚，我做我有！」

俗諺01 「拍斷手骨顛倒勇。」

【字義】打斷手臂反倒強壯。

【釋義】不畏艱難挫敗，有志者事竟成。

在各大學校的演講上，我經常問臺下學生：

「如果你領二十二K撐過四、五年，就能改成領六位數，你要不要？」

在場每個學生都回答「要」，但能做到的人卻少之又少。

也經常有人問我：

「為什麼你會想念三個碩士呢？」

「為什麼你會想看那麼多書呢？」

「為什麼你要過得那麼充實呢？」

「為什麼你有這麼強的動力呢？」

說真的，我不是一直這麼「精實」。我曾是師長口中的「問題學生」，經常帶頭作亂，每天中午被叫去靜坐，家人天天接到班導師的電話。我曾以為拳頭大，才不會被欺負；我曾以為用「你共我裝痟，我就共你處理落去！」（你給我裝瘋，我就給你處理下去！）的氣勢，大家就會信服我。

直到吊車尾上了後段班的私立大學，我才開始「練習」坐在書桌前念書，「學習」穩定自己的心性。這對許多人來說根本沒什麼，對我而言卻是必須「努力」才能達成的目標。年輕時我把自己搞得一手爛牌，所以只得用按部就班的方式和超英趕美的態度來追上。

在國立嘉義大學行銷流通所（以下簡稱嘉大行銷所）念碩士時，因緣際會遇到現任立法委員的賴惠員老闆，我在她身邊從一個打工助理開始做起。那段時期，整整四年多的時間，我半工半讀，每個月工作四百多個小時，經常騎著機車往返新營與嘉義，兩頭奔波。

我的每日作息是這樣的：在新營工作到晚上十一、二點，結束後騎車到嘉大的研究室念書和寫論文到天亮，白天再騎回新營。當同學都在準備校內的行銷個案比賽，我已經在外面接機關團體的案子；當同學都在追求學業，我選擇延畢兩年，為老闆打贏選戰。

剛開始在老闆身邊學習時，涉世未深的我其實被「洗面」（洗臉）多次。我曾因為工作疏忽，老闆撂下一句「你哪會攏教袂曉！」（你怎麼都教不會！）後大力甩門下車。當下的我既錯愕又難過，但我知道這是我自己的問題，所以我主動做一個自虐型員工，以「被慣」為樂。先聲明老闆並不是慣老闆，一切都是「我愛被慣」。喜歡被老闆交付工作，愈多愈好；喜歡自己加班到半夜，愈久愈好，太早下班渾身不對勁；

喜歡被老闆奪命連環call，享受事情做不完的快感；也喜歡老闆給予我這樣的環境和舞臺。

我自願「做牛做馬」，月領二十二K的工資撐過了四、五年。這段期間，我有著就學貸款的壓力，每個月也必須給家人些許家用，還要強迫自己存下一萬，累積創業基金。我常笑說，**比起富二代創業，白手起家算是「外卡」球隊，要用命去拚才能取得入場券。而能不能存活下來，又得經歷一番廝殺**。因此進到創業階段，我仍然堅持過著「苦日子」，每天睡三到四小時，每月投入四百多個工時，持續這樣的高強度生活達三、四年之久。初期經營還不是很順，最慘的一個月，我和創業夥伴們每人只分得一萬多。

回首過去的種種，這些鞭策與操練都成為我在逆境中成長、茁壯的養分，我學到的東西實在太多了，後續會再跟大家慢慢分享。說真的，對自己殘酷才是最好的激勵，我始終認為，**當你能好好享受壓力，並且正面看待，修行到的都是自己的**。

成就更好的自己，才能保護身邊的人事物

某天我回到母校南新國中，校長提到有些學生因為家境問題，想中輟求學之路，有的甚至是「胡思亂想」，認為人活到十八歲就足夠了。有些女學生交了所謂的8＋9男性友人，校長告誡千萬不要在這個階段偷嚐禁果而懷孕生子，因為在心智與經濟能力尚未成熟之前，只會「複製階級」，無限輪迴而已。聽了令人很感傷。

先天的命運確實難以反轉，然而「性格」是可以慢慢修練與改變的。多年來我所親自接觸到的幾萬名創業者、業主，以及各領域的前輩們，他們都是所謂的「能實現夢想的人」「廣義的成功人士」「事業體做很大的人」「賺很多錢的人」……在他們身上都體現了「**性格決定命運**」這個鐵錚錚的事實。你想扭轉命運，還是持續輪迴呢？

如果現在不努力、不吃苦，幾年後一定會被柴米油鹽醬醋茶的現實追著跑，瞬間被壓得喘不過氣來，人生從此再也沒有「夢想」。如果你有自己理想的生活方式、

想逃離現在不公平或充滿壓力的環境，那就要重複做對的事，一直邊做邊修正。**夢想就是重複做一件對的事，從無數的自律與堅持堆積起來，這個過程肯定孤寂且乏味，這是一場耐力賽，但走得愈遠，夢想離你愈近。**

「拍斷手骨顛倒勇」，我對人生還有夢，所以不斷勉勵自己不能被看衰，不斷突破每個階段的自己，才能給予每位願意相信我的家人、夥伴該有的安全感與保障。**沒有人能逼你成長，一切取決於你想成為什麼樣的人**。只要有心，改變永不嫌晚。

俗諺02　「甘蔗無雙頭甜。」

【字義】甘蔗無法兩頭甜。

【釋義】事情無法兩全其美。

就讀嘉大行銷所期間，我比同屆同學晚兩年畢業，從碩士變成碩四。或許研究所延畢對一些人來說沒什麼，但畢竟我的起步晚了同儕好幾年，心裡其實非常焦慮。

延畢原因不是功課不好、學分不夠、行為懶散，而是二〇一〇年臺南縣市合併，成為我人生階段的一個重大轉折。臺南縣市合併意味著各級民意代表必須延後選舉，我接到老闆的邀請，一起組織競選團隊，投入選舉。當時我已經開始撰寫論文，也規畫好畢業的時程，但經過一天的思考，我決定暫時放下課業，投入繁忙的選戰。

從我確定人生目標的那刻起，就走上一條和同學們不一樣的路，遭來各種異樣眼光。系上教授分成兩派，一派主張要換掉我的指導教授，讓我無法畢業。親戚朋友也紛紛指責我：

「沒有人像你書讀那麼久的，整天在搞政治，都不知道在幹什麼！」

一般人通常只會用成績不好或不務正業來理解延畢的原因，相較於臺清交畢業的表哥表姊們，我在家族聚會上總是被「洗面」。我知道解釋是沒有用的，我也知道，**要別人相信我，需要時間，這將是一場讓外界對我改觀的信任保衛戰**。

在這條路上，我只要求對自己負責，畢竟這是我要過的人生。在這條路上，我孤軍奮戰，再也無法苟且偷生。在這條路上，注定有捨有得，無法全拿。研究所拍畢業照那天，我和老闆在跑選舉行程，結束後我連忙趕回學校，但團體照已經拍完了，我只拍到個人照，畢業照上沒有我的身影。同學們的班遊、畢業旅行，我也無法參與。我是個很重感情的人，沒能和好同學們創造更多回憶，說不難過是騙人的！但我知道事情無法兩全其美，必須做出許多取捨，事過境遷一定有所遺憾，這就是人生，我深信這個抉擇會為我帶來更豐盛的成果。

陪伴老闆走過三次勝選的經歷，使我深諳待人接物的道理，並與老闆享有革命情感；在政治圈培養的基礎，使我順利開展自己的事業；因緣際會遇到徐重仁總裁，在價值觀、理念上備受啟發……若沒有經歷那段選擇，這些美麗的成果不一定會這麼快來到我的身邊。

「甘蔗無雙頭甜」，我一直認為這句臺灣俗諺相當傳神。農人收成果實，會將果樹的旁枝側節或營養不良的果實修掉，讓有限的果實可以長到最好。如同農人無法拿走所有果實的收成，魚與熊掌也不可兼得，我們必須在許多誘人的條件和機會中做出選擇，一旦確立目標，披荊斬棘也要往前走，心痛的取捨將會迎接更大規模的成功。

俗諺03

「工夫到厝，欲食就有。」

【字義】工夫到家，要吃就有。

【釋義】若有一技之長，就不愁吃穿。

幾年前在越南參加高雄大學海外專班招生說明會時，遇到一位畢業校友，是越南當地上市櫃公司的臺商老闆。他說自己活到六十幾歲，每天還是不斷在學習，因為世界變動得太快了。

當年在大學、碩博班讀的顯學可能幾年之後便典範移轉，任何階段所培養的專業也可能成為過去式，那時的你可能正值壯年，那麼究竟要拿什麼武器去面對未來的職涯呢？換言之，生在這樣的時代必須與時俱進，具備多重的技能。**不僅要有一**

技之長，更要有「多」技之長。

陳昆和律師是我敬佩的典範。他原本是國小老師，發憤圖強考上律師執照，並結合法律專業，成為建設公司董事長。日後回到家鄉臺南市北門區，以無黨籍身分參選，成為該區市議員。陳昆和議員在不同經歷中所扮演的每個角色都相當重要，令我十分佩服。

前陣子流行斜槓一詞，而我在成長過程中已經漸漸鍛鍊起自己「多工」的本事。大學畢業後，我在各個階段都身兼兩份以上的工作，逼迫自己成長。沒有逼迫自己隨時處在學習的環境，我會感到害怕。或許是出自於自卑感，一直讓我想超越同期。

到國立臺灣大學農業經濟所（以下簡稱臺大農經所）念第二個碩士後，我仍然半工半讀，經常往返臺北與臺南兩地，同時開始規畫創業。當時臺大同學們幫我取了個綽號叫「鋼（肝）鐵人」。晚上忙於創業，白天經常坐著坐著就睡著了，也不知道睡在車上多少次，半夜還會被冷風驚醒。**標準的賣肝過勞，是我那段時期的寫**

照，但回首起來都是很棒的回憶，我想這就是渴望成功的意志力吧。

這樣的多工態度持續到現在，除了要管理公司營運、主導內部各級會議，也要在第一線教書。在我和夥伴們的經營下，開設愈來愈多間直營店，相對的業務量也增加，我仍身兼經營臉書粉專和YouTube頻道、接案、寫書等多職。

說到YouTube，我想分享一個小插曲。二〇二〇年年初我因為興趣而向學生請教拍攝影片的技巧，開設YouTube頻道，包辦腳本、拍攝、剪輯，時常獨自度過好幾個剪片到凌晨的夜晚。疫情襲來後，許多飲食業者的生意受到影響，我的家鄉新營也不例外。

為了盡一份心力，我召集夥伴們主動為店家拍攝無償的宣傳影片，推廣大臺南地區的美食和文化。當時我的YouTube頻道不到千人訂閱，但這系列的影片卻創下破萬的觀看次數，後續還帶動中央電視臺、地方電視臺、新營區公所爭相採訪影片中的店家。有些店家的業績因此成長了好幾成，有位業主還因為生意太好而另請工讀生來幫忙，一掃先前低迷的氛圍。當初學習拍攝影片純粹是興趣使然，沒想到居然能在疫情期間發揮功用，令我感到格外欣慰。

「工夫到厝，欲食就有」，求學時期所習得的專業知識、政治圈所培養的軟實力，以及經營本業的同時能夠發展副業，都成為我的武器。斜槓對我而言不只是身兼數份工作或業餘偶一為之的小確幸，而是經營多份專業並充足發揮，達到相乘的效果。**不求成為完美的人，只求成為不斷進步的人**。我選擇做一個強韌、吃苦的笨蛋，藉由萬全的準備，讓自己具備迎頭趕上身旁競爭者的能力。

俗諺04

「剖心肝予人食，人閣嫌臭臊。」

【字義】掏心挖肺給人吃，人還嫌腥臭。

【釋義】事事為人想，卻遭人嫌棄。

或許很多人無法理解我先前在「服務處」的工作內容，從打工助理一路升到正職特助、主任，究竟是在做什麼呢？

簡單來說，就是成為政治人物的左右手，服務在地民眾的各種需求。服務對象年齡範圍從零歲至九十九歲，學歷橫跨國小到博士。工作內容小至民眾家門口水溝堵塞、道路需要架設路燈、馬路需要鋪柏油、婚喪喜慶需要跑紅白帖行程，大至在中央研擬國家法案、制定法律政策……都必須親力親為。

某天，我在服務處接到一通電話，是一位住在市區的八十幾歲老先生，該社區聯外道路的地主將整條路封起，導致進出困難，請求我們調停糾紛。我掛上電話，馬上和同事拜訪老先生，勘察並了解狀況。

當天我接著趕回服務處，整理完整的公文，發給受託者、臺南市政府、臺南市政府工務局、〇〇區區公所、當地里辦公室……沒錯，處理「民眾服務案件」就是得面對堆積如山的公文、漫長的行政手續。而我的工作就是在每個環節給予民眾最真誠的問候、最即時的服務。沒想到道路地主認為我妨礙名譽而控訴我，二十來歲的我是人生第一次出席法庭！

還有一次，一位家長來到服務處要我們協助他的兒子進入公家機關工作。這種人事請託案件通常「僧多粥少」，不過受薦者的條件和能力相當好，正好某局處也有個職位空缺，我趕緊聯繫對方，迅速促成這起人事聘僱案。結果對方兒子記錯報到時間整整一週，原本協調好的工作只得拱手讓人。家長一口咬定是我的疏失，害他的孩子丟了工作，氣沖沖跑來服務處，對著我破口大罵、三字經連篇。說真的，這是我這輩子第一次被這樣辱罵。

這兩個經歷其實讓我滿是挫折，畢竟在每個環節都做好做滿，卻還是遭受責怪，被無限放大不實的過失。其實，這就是投入政治圈之所以讓我成長的原因。有道是：

「服務業是各行各業中數一數二辛苦的，因為顧客來自三教九流，面對每一位消費者都必須展現專業的回應。」

而在政治人物的服務處工作，更是所有服務業中難度特別高的類別，不僅業務範圍廣，接觸到的人事物更是各行業中的極致。有過這樣的經歷，我在心中默默下了一個務實的決定：今天我選擇要創立補教事業，即使無法選擇服務對象，但我可以召募一群能力強大、共同打拚的夥伴們，一起將服務做到最好。**策略謀局，人事先行；人對了，事情就對了**。我的第一步是組織一個齊聚全臺頂尖大學師資的「黃金陣容」！

不過話說回來，每年從頂尖大學畢業的人才這麼多，究竟有誰願意來加入我的團隊呢？研究所延畢而晚兩年入伍的我，就在軍中遇到兩位未來的事業夥伴。

一位是我的預官排長。想當年他簡直是學霸，頂著第一名成績畢業的臺大化學碩士學位。與他結緣的契機，其實來自於我「做苦工」的習慣。每天晚上的休息時間，我必定拿出手電筒，閱讀一本又一本的商業雜誌和書籍，並在筆記本上寫得密密麻麻，為的就是要找出最佳的經營策略。

我和排長各別睡在隔壁寢，他由於業務的關係每天得忙到半夜，每次回房總會看到隔壁寢透出微弱的燈光——沒錯，我正在夜讀！他說觀察了一個多月終於忍不住問我在幹麼，被我的「義無反顧」嚇到，也開始對我這個人和我的事業計畫引發好奇心。

另一位是我的高中學弟，畢業於清大。學生時期我們僅一面之緣，新訓時剛好分配在同一營、同一連、同一排、同樣兵種。在軍中，最需要的就是能夠同甘共苦的同胞，我們一起出公差，一起被操被罵，偶爾我也跟他分享事業計畫和理念。當時除了籌畫事業，我也負責國中英文的教學，因此我的迷彩褲口袋總是鼓的，當操練完大家在休息，我卻在一旁看著英文單字書。

一方面，或許是這些拚命三郎般的努力都被兩位朋友看在眼裡；另一方面，從谷底爬起來的我，因為先前在政治圈「苦撐」過來的歷練正好發揮了功效。通常高材生因為成績優異，一路走來十分順遂，往往進到軍中才真正被社會所洗禮。已經有過政治圈歷練的我，軍中的階級分明和高強度的操練對我來說都不算什麼，在他們眼中，我因為「社會力」而顯得十分突出。

就在某次車程上，這兩位朋友表示願意支持我，一起為創業打拚。服完兵役後，我的團隊達成「臺政清交成，以及一位牙醫師」的黃金陣容。

說真的，如果沒有晚兩年當兵，也沒有先前的吃苦經歷來證明我的決心和能力，我不一定有這樣的機緣，即使遇到，我也未必能打動這兩位優秀的老師。感謝老天眷顧像我這樣「戇戇拍拚」的人，更感謝這群夥伴甘願陪我一起吃苦。

令我格外感動的是，其中一位夥伴在事業正式上線前以兼職的方式協助，平日上班，週日一早搭著客運從桃園殺來新營，教了九個小時的課，當晚又搭著客運趕回桃園，過著這樣舟車勞頓的日子長達兩年，不曾間斷。後來他放棄上百萬年薪與海外升遷機會，舉家南遷投入我的事業。

曾經，我在服務處耗盡心力，也付出許多努力，卻落入「剖心肝予人食，人閣嫌臭臊」。然而，**忍耐是一種智慧，並非忍氣吞聲，也非卑躬屈膝，而是一種策略，也是心性的磨練**。正因此，我得到比金錢更有價值的好夥伴！

俗諺05

「有燒香有保庇，有食藥有行氣。」

【字義】有燒香就有保佑，有吃藥就有療效。

【釋義】一分耕耘，一分收穫。

無論在世界的哪個角落，人類社會都相當看重婚禮和喪禮，也發展出獨特的禮俗。在臺灣，政治人物經常跑紅白帖，前往民眾的婚喪場合致詞致意。不同於氣氛較為歡樂、熱鬧的婚禮，在喪禮致意能帶給民眾更深切的安慰。老闆無論再忙，每收到訃聞，必定親自前往各喪禮場合拜訪。

不過，政治人物藉由跑紅白帖與民眾建立連結在臺灣已是常態，老闆之所以能做出差異化，正是這句她常掛在嘴上的話：

「咱服務，就是愛予人感動。」（我們服務，就是要讓人感動。）

我們除了在公祭當天祭悼，收到訃聞沒幾天就立刻前往喪家，一同摺紙蓮花、幫忙搬骨灰罈和推棺材，盡可能提供協助。除此之外，老闆也指示我前往政治立場不同的喪家進行慰問，每天至少會拜訪一戶喪家兩到三小時。一開始他們對於我的來訪十分反感：

「彼个人無仝政黨的，莫佇咧遐假仙啦！」（那個人不同政黨的，不要站在那假裝啦！）

我仍然不死心，日復一日地苦等、拜訪。一位喪家在公祭結束後私下告訴我：「因為我們家族有黨派立場，真的無法支持你們……但是很感謝你們做的一切，我會向朋友分享你們的好。」這使我見識到「苦行僧」的工夫所帶來的意義和價值，一日又一日、一步一腳印所打出的差異化，不僅強大，還能長長久久。

後來我和夥伴們出來創業也履行這個價值觀。對於實體創業而言，尋得一間在地段、價位、人流都符合條件的店面是成功的必要因素。我們經營的是補教事業，事業體的設立自然需要考量消費者（學生和家長）的交通便利性。

我找到一個最合適的展店地點，是一間坐落在某國中正對面的透天厝。房東是一位八十來歲的媽媽，女兒是家中的主要決策人，因此若想順利租房，取得母女雙方的同意是最穩妥的，於是我採取階段性的策略。

我和夥伴們每天中午帶著便當登門拜訪屋主媽媽。之所以採取這樣的策略，是因為這位老太太的兒女都已成家立業，平日只有外籍看護照顧，受限於語言隔閡，少有可以一起聊天的對象。因此我們每天主動拜訪，與其說是拜訪，更像是陪伴、交心，日子久了，我們也不時主動談到自己的成長背景、選擇在這裡開設補習班的原因和想法，於是漸漸取得老太太在心中對我們的信任。

老太太的女兒看到我們每天中午來訪，一口答應要將房子租給我們，然而後來狀況急轉直下——考量到未來可能因租屋問題影響手足感情，最後婉拒了我們。整件事情看來似乎沒有任何轉圜餘地，但我沒有就此打退堂鼓，決定仍舊每天拜訪這個家庭。

這次，我採取的策略是持續每天長達數小時站在門口守候，等待屋主女兒回來，為的就是展現我的堅持。那時正值炎炎夏日，有時是毒辣的太陽直接照射全身，有時是兇猛的西北雨颳在臉上，實在比當兵操練還要辛苦！我汗如雨下，屋主一家也對站在門口的我不理不睬。然而轉機發生在兩週後——那天中午下了一場大暴雨，我守候在屋主門口，大門依然沒有打開，但就在幾天過後，屋主女兒終於開了門。

經過一段時間的溝通，很可惜的是仍因為家庭因素，我們沒有順利租到房子。但我的苦行僧行動證明了要做好補教事業的決心，房東女兒和我們持續維持友好關係，還成為介紹多位學生給我們的支持者，這是我從未想過的。

我的主編經常問我：「所以你是怎麼說服人家的呢？」「所以你是怎麼取得人家的信任呢？」我說，我真的沒有什麼特殊的招，統統是靠著「苦等」而來的。**但我**

並不覺得苦，因為我知道這是必經的過程，只是不見得人人都能撐到開花結果的那一刻。

「有燒香有保庇，有食藥有行氣」，倘若我不願花費心力從陪伴喪家開始做起，也不願投入時間、體力忍受風吹雨打，向屋主展現決心，不可能有這些意想不到的收穫。俗話說得好：「努力，不一定會成功；但成功，一定需要努力。」我更加深信，只要持之以恆、不辭勞苦，身邊的人都會漸漸被「感動」，於是有愈來愈多人與你同行。感動自己、感動對方，即使再傻、再累，全天下都會來幫你。

俗諺06 「掃地掃壁角，洗面洗耳空。」

【字義】掃地要掃角落，洗臉要洗耳邊。

【釋義】做事認真徹底，不只是做做表面工夫。

傳統政治人物拜訪選民時，多半只能接觸到平常待在家裡的人或廟埕的阿公阿嬤。隨著參選者不斷年輕化，加上每四年會加入新世代的選民，若固守傳統板塊，會變成競爭者都在分食同一群人，面臨支持者減少的窘境。

面對受眾固定、市場區隔不明的困境，過去臺灣的政治工作者想出一個方法來突破：徒步跟著垃圾車，在選區拜訪倒垃圾的民眾，創造出臺灣獨有的庶民文化。只要時間一到、音樂響起，家家戶戶都拿著垃圾走到外面，你可以發現他們可能是上班族、職業婦女、學生、婆婆媽媽……整個區域的人都在這個時間聚集。政治工作者將這個「古典制約」（一聽到垃圾車音樂就出門倒垃圾）加以應用，創造接觸民眾的機會，而這些族群正是平日很難遇到的一群。

時任服務處主任的我也帶領同事跟著垃圾車一一拜訪在每個候車點等候的民眾，向他們發放宣傳文宣。不過，這個「垃圾車策略」本來就有不少政治人物在操作。況且，等到所有人倒完垃圾才發文宣，很可能錯過早一步走回家的民眾；若垃圾車剛來就發放，會讓準備倒垃圾的民眾「沒手拿」，許多人乾脆就不拿文宣，甚至產生負面口碑。

當我正思考著如何與其他競爭者「再差異化」時，瞥見一個令人不捨的畫面：一位七、八十歲的老嫗追趕垃圾車時不慎踩空，跌在路旁。我趕緊將老婆婆扶起，幫她倒垃圾、清理傷口，才知道這已經不是第一次了。清潔隊的任務具有時效性，而老人家的行動無法如此迅速，才導致這樣的憾事。我回到服務處向老闆報告我的觀察，並提議將垃圾車策略進行全面升級：

「不是只有拜訪、發文宣，我們從一輛垃圾車發車後，沿街『幫』民眾倒垃圾、清廚餘！」

這是當時由我提案的「一條龍垃圾車策略」。我敢說，這在全臺灣是個嶄新的概念。然而，平時已有許多業務在身的同事一聽到我這麼說都面有難色，我看到大家臉色不對，馬上宣布：

「我擔任前鋒，不戴手套，用雙腳雙手幫選民倒垃圾！」

我將團隊分成前鋒、中鋒、後衛。前鋒由我領隊，並與三位同事在每輛垃圾車候車點奔跑著，幫民眾倒垃圾、清廚餘；前鋒倒完垃圾後，擔任中鋒的工讀生騎著機車把文宣發給已經空出手的民眾；後衛則為物資補給車，負責補充文宣。

這個策略每晚執行，我領著隊伍，和同事們跟著垃圾車「跑」上三小時，每趟超過二十公里，已經是半馬的等級！我們堅持用跑的，還跑到足底筋膜炎，中途去醫院打止痛針，打完後再繼續跑。兩個月下來我們跑遍新營、鹽水、柳營近二十五條路線，累積超過二百五十公里。這麼瘋狂的「極致服務」，全臺灣只有我們這個團隊做得到！

有過上述高強度的經驗後，我和創業夥伴們也將這種極致服務的精神應用到補教事業：經營者以身作則服務員工（老師），再讓員工發自內心服務消費者（家長和學生）。

我們對於員工的「服務」就是最務實的加薪，還有必定履行面試時所開出的每個承諾。一般來說，公司制度是由經營者直接發布結論，員工不會參與討論，更不好的情況是上位者強逼員工就範，但我們制定獎金制度時會邀請員工參與討論，國小部就設有完整的安親、招生獎金。除此之外，每當同事們晚下班，夜裡騎著機車回家，我必定會開車跟在後面「照燈」，陪伴著他們，直到把每一位同事安全送到家後我才回去。

「煮一鍋飯沒有差一副碗筷。」

我經常跟同事分享這句話，他們也在這樣的組織文化中耳濡目染，自發性地以高規格來服務消費者。

我想舉一個近期的例子介紹這個令我驕傲的團隊。二〇二〇年年初，六甲直營店有位家長受到新冠肺炎疫情的影響，生意嚴重虧損，向店長表示要停止所有補習課程。店長和另一位同事討論後，騎了一個多小時的機車到家長的店裡捧場，並告訴他：

「〇〇爸爸沒關係，我們不收學費，照樣把您的孩子服務好。」

整個過程我都沒有插手或出意見，他們自發的舉動令我讚不絕口。我會心一笑，這就是以身作則所帶來的美好實踐吧。

「掃地掃壁角，洗面洗耳空」，我認為這句臺灣俗諺很符合極致服務的精髓，無論在政治圈或補教界，我提供的都是服務，也一直在思考著如何讓每項服務進化再進化。從跟著民眾倒垃圾到親手幫民眾倒垃圾，從服務消費者到服務員工、員工再自發性地服務消費者，我體悟到一件很重要的事：**別人不做你來做！**當你願意去做那些人人嫌麻煩、容易被忽略的細節，當你有能耐做到他人難以模仿的地步，自然會在市場上生存下來。極致服務就是一項核心競爭力。

二 誠篇

做人的哲理

江湖走跳重承諾

俗諺07 「政治佬仔。」

【字義】政治騙子。

【釋義】在政治上操弄議題、撈油水的人。

二〇一〇年臺南縣市合併後，各政黨如火如荼準備大臺南市市長選舉的黨內初選。民主進步黨初選候選人有蘇煥智、許添財、賴清德三位，賴清德和許添財恰巧都來找老闆幫忙。

「蘇煥智是栽培我的老闆，無論他的民調高或低，我都要挺他到最後一刻！」

老闆在蘇煥智擔任臺南縣縣長期間是其縣政府顧問，因此婉拒了另外兩位候選人的邀請。選舉結束後，蘇煥智辭退政治圈，在臺北市成立法律事務所，當時老闆忙於總質詢，仍出席事務所的開幕活動，力挺當年提拔自己的恩人。此外，老闆也曾任陳唐山縣長夫人的祕書，陳縣長從所有政治職位退休後，只要來到臺南，老闆一定會請他吃飯，至今也一直維持著這樣的習慣。

有人說：「政治人物只要沒有位置，就沒有朋友。」政治是很現實的，在位期間總是高朋滿座，一旦沒了舞臺就不再被任何人搭理。然而我卻從老闆身上學到相當重要的一門課：**做一個忠誠的人**。在義務範圍內堅守忠誠的原則，表現出難能可貴的溫情，在政治圈相當少見。

許多時候，政治會使人出賣自己的貞操。某些政治工作者如同牆頭草，經常遊走各陣營謀取私利，在敵人聲勢高漲時成為敵前叛將，也就是所謂的「政治佬仔」。

我聽說某個幕僚待過許多重要政治人物的服務處，但是都沒有久留。舉例來說，他在A服務處掛了高階頭銜，卻去其他陣營買賣情報、拿錢辦事；也會見縫插針，拿著所屬服務處的名片，私下挑撥在地樁腳，導致A候選人落選：

「我共你講……A一定穩牢啦，恁兜的票欲撥予B！」（我跟你說……A一定穩上啦，你們家的票要撥給B！）

老闆準備參選臺南市議員時，我已經在服務處擔任全職的主任。早上在服務處工作，午後時間則在老闆的許可下籌畫自己的事業。直到協助老闆高票連任第二屆臺南市議員，我才全心全意投入創業。長期在老闆身邊，我深受忠誠價值觀的薰陶，秉持著「一日老闆，終生老闆」的態度。老闆若在日常服務選民或選舉期有任何需求，只要一通電話，我一定義不容辭回去幫忙。

二〇一七年正值臺南市市長選舉期，候選人黃偉哲最重要的策士前來招募我加入競選團隊，擔任核心人才，令我相當意外，因為當時我已經將重心轉向自己的事業，逐漸淡出政壇。對方告訴我，他在政治圈問了許多人，所有人一致推薦我，原因是：忠誠又有能力。由於政治圈利害關係明確、明爭暗鬥頻繁，只要向圈內人士打聽評價，通常會被放大缺點，得到眾人推薦的機會實在少之又少。收到邀請的當下，我立刻向老闆報告這件事，得到許可後才投入黃偉哲市長的決策團隊，也協助打了一場勝仗。

忠誠度，是留給貴人探聽的最重要前提；沒有忠誠，再好的能力都是枉然。順便分享一件事，上面提到的那個「政治佬仔」，聽說現在許多陣營都不敢聘用他，他的家庭和經濟也窮愁潦倒。拒做「政治佬仔」，留有好名聲才是長久之道。

俗諺08 「六月芥菜假有心。」

【字義】六月的芥菜是空心的。

【釋義】虛情假意。

這是一句充滿先民生活智慧的臺灣俗諺。經由農民多年的種植經驗，發現芥菜在六月前後剛發芽，到了冬天才會長成菜心，因此將「六月芥菜假有心」用來比喻人虛情假意的行為。

老闆選議員時就曾遇上團隊內有人遊走兩邊陣營的情形。原本我們的贏面極大，哪知票開出來，在某些鐵票區域的票數輸了其他候選人相當多，後來才知道團隊中有個「雙面刀鬼」的助理。

這個助理在團隊掛有正式頭銜，經常在活動期間跑來「看頭看尾」，「認真」協助其他同事，也會帶食物慰勞大家。長期相處下來我們不疑有他，也會跟他分享內部消息，殊不知他其實是其他陣營派來的間諜。

他會在我們討論重要決策時暗藏錄音筆，再將機密散布給敵對陣營；特意在內部說三道四，破壞團隊情誼，引起同事間的猜忌；暗自帶著其他候選人到支持我們的選區拜訪，傳播關於我們的不實謠言。他知道我是服務處的頭號員工，與老闆的關係最親近，經常針對我四處造謠：

「頭家的隔壁有一隻鬼。」

(老闆的隔壁有一隻鬼。)

不只政治圈，在職場、商場上，「六月芥菜假有心」的人可以說是不計其數。還記得當年第一間補習班直營店剛成立時，某個同業經營者在開幕當天主動跑來送花柱、嘘寒問暖。我卻意外發現他跑上跑下的，似乎在觀察各教室的格局、設備，原來獻殷勤背後的真正目的是刺探敵情。

雖說這樣的「刺探」並不是完全無法理解，畢竟同業之間是競爭關係，但重點在於「起心動念」──能否藉機學習競爭者的優勢，並加以應用在自己的事業，優化商業模式和生態系統。但這個經營者似乎沒有長遠擘畫事業的格局，也可能以為我們幾個年輕小夥子「好欺負」，四處向人放話：「那間新開的補習班很爛！」

除此之外，他還會提供學生「工讀金」，用金錢誘使他們在學校散布關於我們的不實謠言。我想這已經偏離一位教育者該有的格調，讓孩子們提早接觸人心醜陋的一面：無中生有的惡意中傷。

這些腹黑行徑之所以被揭穿，是我們的幾位學生實在看不下去這種背地裡的操弄，於是主動向我們說實情。後來我邀請造謠的學生來補習班一趟參觀、聊聊，用實際行動讓他認識真實的我們，也認清楚這些謠言其實是莫須有的。意外的是，這學生之後轉到我們這邊來補習。

如今世態炎涼，人人都希望能在殘酷的消費市場生存下去，面對「六月芥菜假有心」的人，我們往往無可奈何。正因如此，在這個世道還能重承諾、講誠信，顯得彌足珍貴，小至人際互動，大至企業長青，皆是如此。如同孟子所云「富貴不能淫，貧賤不能移，威武不能屈」，以大丈夫的姿態行走在人生的競賽場，而不是為了蠅頭小利而犧牲人品。

俗諺09

「烏龍踅桌。」

【字義】黑蟋蟀繞桌。

【釋義】推卸責任，顧左右而言他。

從大學時期開始，我就是個「社運青年」，和志同道合的朋友共同主持嘉義野草莓學運。我們睡過臺北凱達格蘭大道、高雄城市光廊、臺南成大光復校區門口，更曾露宿嘉義市二二八紀念公園一個月。我的血是滾燙的。我以為只要有熱情，人們自然團結一心，各司其職。我也以為政治是改變各階層人民生活的唯一力量。懷抱著這樣的「浪漫」情懷踏入政治圈工作，馬上遭遇幻滅的悲催。

一開始只有老闆和我兩人在跑選舉，我結識了一位在地方備受敬重的政治前輩。這大哥看我充滿熱忱、做事積極，大力讚賞我，讓小夥子的我備感溫馨。

某次有個地方團體合縱連橫舉辦大型造勢活動的機會。年輕的我代表老闆和其他同黨前輩一起開會，這大哥也在團隊裡擔任財務組的要角，具有舉足輕重的地位。會議上，他強烈推舉我擔任活動總召，勉勵我：「年輕人就是要『多磨練』，有不懂的地方我們都會協助你！」沒錯，社會經驗不充足時，的確需要額外的砥礪，我於是接下這個重任。

不過，過程中各部門似乎翻臉不認人，對我態度冷淡、支援無力，最後在我的經驗不足與孤立無援下，出現一萬多元的金錢短缺。這大哥立刻說服其他幹部一起將責任推到我頭上。傻傻的我自掏腰包賠了一萬多，對於當時剛出社會的我來說是個不小的經濟負擔。

「你這垃圾敢佇遮卸世卸眾！」（你這垃圾敢在這丟人現眼！）

這是我聽到他對我說的最後一句話。

遇上如此「雙面刀鬼」的政治前輩，使我差點對人性幻滅。後來我才知道實情，原來這大哥早料到這場活動有問題，因此以提拔年輕人的名義推我出去擋子彈，這也是我人生第一次嘗到如此慘痛的經驗。現在回想起來，似乎也成為我學習「當責」的起點。

工作幾年後，一位前鄉長的父親過世，他是該地相當重要的人士。當時正值選舉期，地方上的重要人士是我們得罪不起的，老闆特別交代我要在公祭前一天贈送罐頭禮籃。聯繫好禮籃公司後我就跑去打籃球，直到老闆打電話來，我才驚覺自己的疏失，沒有盯緊禮籃是否確實送達，果不其然送錯位置了。

那時已經晚上七、八點，過了禮籃公司的營業時間。我知道這是我的失誤，也不想要這樣束手無策，等著明天被罵。為了趕上隔天一早的公祭，我開著家裡的車子，載著兩盒禮籃，穿過連綿的山路，到達目的地時已經半夜了。我趕緊向喪家致歉，獻上禮籃，完成了這個任務。

後來成為管理職，擔任服務處主任，只要同事沒做好工作，我都視作自己的責任，因為我是和一群夥伴在工作，我們是一個團隊。做比說多、身體力行，人家才會服你。成為補習班經營者的角色後更是如此，我也跳下來教書，因為想了解學生的想法，想知道如何和其他老師溝通。**這已經不是付錢給員工，人家就會一個口令一個動作的年代。說服別人之前，要有所本、有所依據、有所專業，而不是單純建立在勞資關係，這樣的連結很薄弱！**

某天晚上，一位家長來找我反映「問題」。這是常有的模式，就是消費者跳過負責的同事，直接找上經營者。除非經過釐清後有明顯、客觀的疏失，否則我從不會在家長面前指責同事的不是，而是說「這是我們共同的疏忽」，並誠心道歉。

當同事們站在第一線即時回應消費者，若當下或後續發生問題，只要同事的決定合乎邏輯，我和幾個夥伴身為經營者，必定會第一時間挺身而出，支持同事的決定，而不是進行切割。就如同經紀人為明星擋下不必要的困擾，好讓他們能專心在演藝圈發展一樣。每位同事都是團隊的一分子，今天公司發生任何大小事，經營者都有「直接責任」，我們的組織文化就是「共同承擔、互相提醒」。我們都不是機器人，做事情一定會有疏忽，換作是我也不見得能做得比同事好。

當責，是我們這個團隊強調的核心價值之一，為了不讓「烏龍踅桌」的情況發生，我們幾個經營者透過潛移默化的方式感染每位同事。在政治圈，前輩打破了碗，後輩需要收拾善後；但在卓越這家公司，經營者會陪伴同事面對、解決。組織和企業都要能隨境而轉，從過去「分層負責、充分授權」轉型為「分層當責，充分賦權」，如此才能永續經營下去。

俗諺10 「飽穗的稻仔，頭犁犁。」

【字義】成熟結實的稻穀，頭垂得低低的。

【釋義】愈有真材實料，待人愈謙虛。

民意代表的工作如同一間公司裡的監察部門，扮演著監督政府的角色，確保各部門發揮績效。但有些不肖的政治人物會濫用監督的權責，對行政部門頤指氣使，表現出一副全世界都該聽他的話的高傲姿態。

他們的做事方式通常是跳過第一線的基層職員，直接向長官施壓，再要求長官去壓基層職員。但老闆的價值觀是，**身處高位，身段要彎得更低**。世界上的遊戲規則不該是高壓低，而是真心誠意地溝通。畢竟大家都住在同個鄉鎮市區，出了公司仍然是朋友，也可能需要互相協助。

假設某項工程需要出外會勘，我們會在事前搜尋資料，例如柏油路、水泥路路面要鋪幾公分等細節，徹底做好功課，然後向負責該業務的基層職員討教，而不是濫用職權壓迫，或是外行指導內行。另外，先前有過「跑垃圾車」的經驗，我們深知清潔人員的辛苦，不時在他們下班後買東西請他們吃。但說真的，並不是所有政治工作者都願意體恤在第一線辛勞做活的人員，也不會以任何行動來表達感謝。

我想分享一件最近發生的故事。前陣子參加紙風車劇團的演出，結束後我到隔壁的星巴克吃點小東西，巧遇三位委員好友。她們的事業都經營得很成功，而且有一個共通點：非常客氣，不吝分享。一如往常的熱情，在我推託之後還是幫我點了拿鐵，又買了蛋糕讓我帶走。其中一位大姐讓我憶起剛在老闆身邊擔任助理兼任司機的小插曲。

某天，老闆接到這位大姐的電話。當時她是臺南某高階社團的會長，邀請老闆出席社團的午餐聚會，我則負責載老闆到餐廳。「老闆您下車，我待命。」當過司機的人一定知道，通常飯局就是老闆進去吃，我們在車上待命，因為隨時可能要跑下一個行程。

「柏均，我幫你點了火鍋，趕快進來吃！」

我轉頭望向副駕駛座車窗，是那位會長大姐。她親自幫我點餐，招呼我進去，讓我很感動。這位大姐只要出席任何場合，除了準備送給達官顯要的禮品之外，必定準備同樣一份給我。而且不只我，她對待其他大人物身邊的司機、助理都是如此。

「飽穗的稻仔，頭犁犁」，往後的十二年間，這位大姐的事業愈做愈大，待人依舊客氣，給了我很大的啟發。她位居高位，事業有成，但並沒有因為身分地位的差距而看輕我，反而體恤我、關心我。這也在我的內心萌芽，不因為一個人的學歷高低、身分貴賤、年紀大小、友善與否，而影響對待對方的態度。

俗諺11 「少年拚出名，食老惜名聲。」

【字義】年少時要奮鬥出名，年老時要愛惜名聲。

【釋義】人死留名，虎死留皮。

前面提到，各級公務人員由於在工作上受到民意代表的監督，會給予民意代表一定的「尊重」，但出了公司，私下應該會有各自的評價，究竟是怎麼樣的評價也不得而知。我和服務處同事身為老闆的左右手，為了做到於公於私都能與公務人員真心交流的程度，我整理出一個通則：把握掛電話前五秒。

這個策略來自一次偶然的閒聊。在婚宴上敬酒是民意代表助理的常態業務，我們通常會提早到會場，等到賓客到齊後開始敬酒。某個敬酒前的空檔，我和其他服務處助理聊了幾句，從對方口中聽到一個故事。他和某個公務人員用電話洽談公事時，對方沒將話筒掛好，意外聽到許多抱怨。可以想像因為職權的關係，公務人員會對民意代表畢恭畢敬，當事情都講完、雙方準備掛電話的「前五秒」，才是放下戒心的時刻，如果「不小心」聽到對方的抱怨或碎唸，就可以把握機會修正。

「對政治人物而言，最重要的不是權力，而是下臺的身影。」

我想到爺爺對我說的這句話。「年少拚出名，食老惜名聲」，政治人物身處其位，與下屬、利害關係人之間理當是從屬關係，因此最重要的並不是人人點頭哈腰的遵從，而是退下前線後他人的真實評價。不僅政治圈如此，公司、組織裡都適用。

我和徐重仁總裁參加大甲媽祖遶境時發生一個小插曲。遶境的過程，我們隨機到某家7-Eleven休息小憩，完全沒有事先安排，加盟主馬上趕來和徐總裁擁抱、問候，那個畫面深深烙印在我的心裡。前公司加盟主在總裁離開後，仍然像家人朋友般地感念他。**社會上，許多人都是跟你的「位置」和「身分」做朋友，不在其位仍備受尊重，才是真實的**。

在有利益關係的場域，並不是每個上位者都願意真心誠意對待每位同事、下屬，珍惜與員工之間的情誼，有的採取完全的功利主義，短視近利，甚至以權壓人。就像市面上一些事業體提供員工的是如同天花板、只夠溫飽的薪資結構。後來我和兩位國中死黨回到家鄉臺南新營開設補習班，我們的起心動念很單純，就是想為學弟妹們多做一些。其實朝夕與這些孩子相處，他們的善與真，時時刻刻提醒著我們創業的初衷。

身為補教業者，我們做的是教育，追求的是細水長流，循循善誘來改變孩子的學習態度，陪著他們成長，裝上飛向未來的翅膀。這不是什麼高大上的空有口號，而是我們經年累月不斷期許自己走上的一條穩健務實的路。

俗諺12

「一粒田螺煮九碗公湯。」

【字義】一顆田螺加了九碗水煮湯。

【釋義】誇大不實。

如今青年參政率不斷提升，社會仍然普遍對政治抱持負面看法。每次總統大選、各級民意代表大選後，新聞媒體宛如再次證實民眾對政治的不信任，爭相報導政治人物於選舉期間開出的「空頭支票」在選後都無法落實與兌現。這樣的結果也說明了做決策前應謹言慎行，制定務實的目標。

繼續談下去之前，我想先補述一段自己的小歷史。我的爺爺周詩揚原為臺南縣（現臺南市）白河區仙草國小老師，在家族推薦下投入政壇。那是個政治氛圍風聲鶴嗅的戒嚴時期，爺爺以三十二歲的年紀從政，連選連任四屆臺南縣縣議員。當時的縣議員並沒有配給薪水，一切出自於服務地方的熱忱，是個不輕鬆的職位。爺爺在我的心中留下純樸正直的形象。

在黨中央的支持下，爺爺參選省議員（相當於現今的立法委員），並投入上千萬元。在尚未通貨膨脹的三十多年前，一千萬代表一個家族好幾個世代的積累。然而黨中央的輔選承諾卻在競選期間跳票，爺爺以五千多票之差落選，隔天債主立刻找上門來。後來爺爺在地方的支持下連任縣議員，但直至終老仍對此事耿耿於懷，告誡子孫們做人做事要真誠務實，更不應為了眼前利益而將身旁朋友一腳踢開。

創業這條路至今走了七年，隨著事業體的擴張，許多優秀的老師紛紛加入團隊。但每位人才加入的時機並不一定適合他們發揮能力。有些人才善於教學，但一時沒有適合的班級；有些人才善於經營組織，但當下需要的是擴展客源。即使無法一步到位滿足每個需求，我和夥伴們著重在如何與每位新進員工共同發展未來。

一位英文女老師原先在臺北教課，我們相中她流暢的教學技巧而想挖角她南下。當時並沒有英文老師的職缺，必須等到新的直營店開設，在這個過渡期，我們先請她在其他直營店兼課，同時向她保證之後的收入肯定會比在北部更高。新的直營店開設後，她全心全意投入英文教學，我們也履行收入的承諾，升任她為店長。

反過來說，我也看過補習業界有許多惡質的例子。有些補習班老師的薪水是採取抽成制，端看學生數量取決薪水多寡。部分不肖業者為了把優秀的老師「綁住」，刻意開設一堆「有的沒的」的課程，實際上根本沒幾隻小貓來上課。

我們曾經遇過一位性格比較逆來順受、不敢得罪老闆的老師，他在前一間補習班任職時居然被拖欠長達半年的薪水。補習班老師的薪水大多用現金支付，所以沒有薪條，前業主甚至沒有幫這位老師保勞健保。後來我陪他處理這些事情時，才發現前業主早已將所有財產脫產，人去樓空，求償無門。

「〇個月後加薪、收入不斷增加」是我們給予每位同事最務實、最基本的承諾，這絕對不是「一粒田螺煮九碗公湯」，而是經營者往前衝刺的責任，更是使命，沒有人可以挑戰這個底限！

俗諺13「生囝師仔，飼囝師傅。」

【字義】生孩子只是學徒，養孩子才是師傅。

【釋義】養育孩子要費盡苦心。

選戰期間，老闆的服務處有三、四十名員工，加上經常來幫忙的志工，每天進出多達五十幾人，如何適才適所地進行人員配置就是一門藝術。有的同事富有同理心、善於傾聽，老闆會將他們放在需要耐心溝通的位置；有些同事擅長辦活動、當主持人，就將他們的業務重心放在造勢活動；擅長邏輯思考的同事則分配到議案、規畫局勢的任務。

每個政治人物對待同事的態度不同，有的當作任勞任怨的家臣，有的當作隨傳隨到的僕人，甚至連年終獎金都汙掉。然而老闆不僅很會用人，也不會擺架子，把同事視為家人，小至收到所有好吃好用的東西都向同事分享，大至尊重並支持每位同事的生涯規畫，也願意為了得到好人才而捨得付出。

一位在影音部門擔任編輯的同事，本來在臺北的一家跨國科技企業上班，老闆為了挖角他，一口氣付完北部房租的違約金，也同步安頓好南部的住處，讓他毫無後顧之憂，得以專心投入新工作、新團隊。也因為這樣，老闆在物色各領域表現突出的人才時，總能得到對方願意效力的回應。

先有「心占率」，才有「市占率」。補教事業草創時期，我和前面提到的「黃金陣容」共同打拚。很快的努力得到回報，學生數量不斷成長，增設直營店與物色新人才隨即成為討論事項。

我想起兩位人選。一位是我的兒時玩伴，也是熟識二十多年的國中同學，出社會後他有一份滿意的工作，我經過多次的說服，他才放棄原本的工作，加入我的團隊。另一位則是嘉大行銷所的同學，原本他在科技業坐領百萬年薪，也和家人有著幸福的生活，經過我多次的北上拜訪，他放下高薪，和老婆分隔兩地，投入我的事業。兩位人選之所以願意加入我的團隊，一方面是觀察了我十幾年，對我有一定程度的信任感，另一方面是我用務實的方式打動他們，第一層是加薪，兩、三年後薪水成長三倍以上；第二層是成為資深合夥人，技術入股並且每月分紅。

兩位人才加入後，成功支撐起兩間直營店的業務，為公司的初步擴張起了關鍵作用。兒時玩伴擔任國小部主任，十分提攜後輩。而行銷所同學日後也帶他的弟弟加入，完成第六間直營店的設立。對我來說，**一位夥伴，就是一個家庭；夥伴的一個選擇，就是投下信任的一票**。這就是我認為的「帶人要帶心」。

「生囝師仔，飼囝師傅」，我深信「人才」是公司的資本。如同沒有兵將，根本無法打仗，一間公司對於每位員工必須進行適得其所的安排，並且用心經營，如此一來，經營者才得以專注於遠景，帶領事業航向成功。

俗諺14 「來時伴手，轉時等路。」

【字義】作客時攜帶伴手禮，返家時也帶回伴手禮。

【釋義】禮尚往來，禮數周全。

在政治圈服務時，我經常跟著老闆在第一線拜訪各類型的支持者。踏入對方家中，老闆會特別訓練我「觀察」的本領：屋主泡茶時所選用的茶葉、客廳最顯目的擺設（通常代表屋主的喜好）、客廳桌上的擺設（若有堅果、零食，也顯示屋主在食物方面的喜好）、是否無意間聊到自己感興趣的事物……從各種細枝末節來思考該如何送禮，也就是透過一份投其所好的禮物，讓收禮者達到「喜出望外」的程度，才能將送禮的效益最大化。

前幾年，一位八、九十歲的阿公支持者因為老伴過世，遲遲走不出傷痛。他住在一個大家庭，即使就外人眼光來看，這位阿公不愁吃穿、子孫滿堂，然而他卻一日比一日愁苦消瘦。得知阿公的處境後，老闆和我們照三餐去陪伴他，也會帶營養品給他。而這就是所謂的「客製化」送禮。

有時，我也會跟著老闆拜訪社經地位較高的朋友，包含達官顯貴、在商場叱吒風雲的董事長和大老闆。歷經多年的打拚，這些大人物的物質條件已經相當優渥，不太需要昂貴的禮物。這時，老闆會送他們「土芒果」。其實不少上市櫃公司老闆都是從鄉下地方發跡，相當懷念兒時的土芒果味道。隨著農產品改良技術的發達，現在的芒果大多鮮嫩多汁、香甜可口，卻失去了芒果味，而土芒果蘊含了在地農產品的傳統與樸實，正可以讓物質慾望不高的老闆們感受送禮人的誠意。

這些在地又用心的例子印證了行銷學的真諦：理解每位消費者真正的需求，提供對應的服務。

以補教業來說，每位踏入補習班的家長和學生都各有目的與需求，並非都是為了成績進步、考取第一名。有些家長不希望孩子在家裡一直滑手機，有些家長希望改變孩子的學習態度；有些孩子為了尋求班上意見領袖的支持、同溫層的溫暖，有些孩子希望課業進步卻不得要領。

我們不會將學生和家長視為同質性高的群體，而是掌握分眾的道理，提供客製化的服務。面對需要改進學習態度的學生，老師會耐心溫和地陪伴；面對資質中等、跟風而來的學生，老師會加以鼓勵，提高學習的熱忱；面對以成績進步為目標的學生，老師則會加強課輔。

「來時伴手，轉時等路」，正所謂禮不在貴，在心意。這份心意，需要長期累積社會經驗值、磨練觀察力，需要細膩且到位地理解每個人的需求，才能做到送禮送到心坎裡的地步。這個道理用來實踐在提供消費者的產品和服務上，相當受用。

俗諺15 「山頂無好叫，山跤無好應。」

【字義】山頂沒有好聲好氣，山腳也不會有好回音。

【釋義】以禮相待，將心比心。

國中時的我因為強出頭，曾被牛頭班的十幾個同學在樓梯間圍毆，我被打到耳膜破裂、眼睛流血，在場幾個老師目睹這個情況卻不敢出面阻止。回到家後我也一聲不吭，不願向父母開口示弱。我理解校園裡有不少霸凌問題，會特別留意孩子身上是否有傷痕或瘀青、是否有任何的反差舉止。學生只要受傷，即使不是發生在補習班，我和同事必定會趕到現場，幫孩子擦藥、包紮，並拍照回報家長。

接送學生時，我們經常主動與孩子攀談，了解他們的學校狀況、日常生活。經過長期的觀察和互動，一些平常活潑開朗的孩子若在學校遭到排擠或霸凌，來到補習班會突然變得悶悶不樂，叫他不回應，拍他肩膀發現他發著抖、露出恐懼的眼神。我們也遇過一位平常乖巧溫馴的孩子因為在學校被同學恐嚇索錢，而在安親班偷其他學生的錢。

孩子的驚恐和畏懼，我都曾經體驗過，為人父母之後更明白家長對孩子的關心，因此觀察細微、即時應對，以及後續的回報和處理（例如陪同家長去校長室協調），是我們對於消費者的將心比心。

關於接送學生，有個值得一提的故事。一位平日負責接送國小學生的老師，某天在學生群組收到家長的訊息。那天學校臨時放颱風假，但家長必須上整天的班，所以傳訊息拜託老師去接送學生。其實在停班停課的颱風天接送已經超出我們的工作範圍，但這位老師明白家長對孩子的擔心，自動自發冒著大風大雨前往學校，將孩子平安載回家。

這正是我們與同業打出的差異化——以常人不能及的「用心」作為市場區隔。

老師們敬業且奉獻的態度也在家長之間傳為佳話，日後這位家長介紹許多學生給我們，體現徐重仁總裁所說的：「顧客的聲音就是上帝的聲音。」

上述的颱風天接送並不是常態，我想再分享一個我們經常遇到的狀況，也是教育的困境。前幾年和一位家長聊了半小時，言談間一直有股擋不住的悲傷情緒湧上心頭……一位英文班的國一生在課堂上的測驗成績一直是墊底。暑假的兩個月，除了每週正課三小時，我額外再撥三小時與他一對一課輔，主要是加強ＫＫ音標。然而他的情況並沒有改善，會把Ｗｈｏ聽成Ｈｏｗ、Ｎ抄成Ｍ，即使某個題型我確定他確實搞懂且吸收，但過了一小時再寫相同題型時，他仍然寫錯。很明顯的，這其實是學習方法或專注力有問題。

我問他國小有沒有補過ＫＫ音標或兒童美語，他說在某間上了兩年，又去另一間待了兩個月，最後才到我這邊。此時，我內心的疑問更大了：「為什麼之前在其他地方學過，卻感覺像沒學過一樣，程度幾乎歸零呢？」課輔後我請爸爸先留下來，與他聊聊這件事。爸爸提到，無論是之前的補習班老師還是現在的學校老師，都從未反映過這個情況，我訝異的程度就只差沒張嘴，內心滿是激動，不斷吶喊：「也太誇張了！」此外還發現一件事，學校老師將學生的英文作業收去批改後，不會在一週後發回給學生複習，而是直到考前才發還。

雖然我自己開補習班，但我一直認為，**如果學校的教育功能足夠健全，不會有補習班這個行業出現**。畢竟學生一週待在學校五天，比待在補習班的三小時來得久多了。學校教育是無法立即改變與突破的，家長只能尋求補習班的協助。我當然很樂意抽空幫學生額外課輔，不論時間多寡，但這也面臨兩難，孩子在補習班留得愈久，就愈晚回家，影響到其他時間，所以這位爸爸非常無助。

我們幾個夥伴正是在這裡求學長大的，從國小念到高中，這些孩子都是我們的學弟妹，我們和學生之間不是單純補習的對價關係，而是多了很深的情感。開設補習班多年，每次看到一位偉大的爸爸或媽媽，為了孩子的成績、品行、交友，甚至家庭問題苦惱而心煩時，那種父母對孩子的期待與用心，讓我想為他們做更多，絕不輕易放棄！「山頂無好叫，山跤無好應」，人畢竟是有感情的動物啊。

俗諺16

「食人一粒卵，人情講袂斷。」

【字義】吃人一顆雞蛋，人情不會斷。

【釋義】人與人之間重在情誼。

「如果討人喜歡與受人尊敬無法兩全，我選擇受人尊敬。」

這是已故宜蘭縣縣長陳定南的名言，也可以運用在員工如何看待領導者。我輔導過許多企業，有些管理階層幹部為了取悅特定部屬而捨棄公平原則，亂了規矩，最後失去員工的敬重。**與其把心力放在「如何讓員工更喜歡你」，不如幫他們擋掉不必要的干擾，對外承擔責任，對內爭取資源**。管理者若沒有原則，到頭來什麼事都難以做好。

前面提到我和夥伴們對待員工的最基本原則是「帶人要帶心」，以這個原則出發，在許多日常小細節中都會收到不錯的成效。許多時候，人與人之間的相處重視的是情誼，即使只是一份微薄的小禮、不經意的問候，但受人餽贈的「人情」是非常可貴的。

舉例來說，我們會花很長的時間觀察同事的喜好、生活瑣事。如果女性同事前一天身體不舒服，隔天早上我會撥電話關心她是否要請假，或准許晚幾個小時上班。如果發現某位老師的眼睛紅腫，露出疲態，即使詢問未果，我會立刻諮詢眼科醫師友人的建議，主動將眼睛保健資訊整理給這位老師。

在這樣的長期互動下，同事們發生問題就會立刻想到我們。最近有三位同事陸續發生車禍，他們第一時間都是打電話給我。一接到電話，我放下手邊工作趕到肇事現場或急診室，再到派出所做筆錄，最後到對方家中慰問、關心和解相關細節，盡力協助直到事件落幕。

順道一提的是，前陣子一位老師在半夜十二點多發現路上有隻小貓被車子輾過，他第一時間聯繫動物防疫保護處，接著打電話給我。一般來說，若在深夜裡發生這種狀況，處理方式是先將動物載回動保處，隔天再送往動物醫院，然而傷重的動物很可能撐不到醫治的那刻就喪命。

我開著車趕赴十多公里以外的地點，先向深夜工作的動保處人員致意，接著遞上名片，並且問道：「委員對這件事很關心，請問你們接下來會怎麼處理呢？」當時詢問未果，我和同事帶著忐忑不安的心情回到家，徹夜難以入眠，深怕貓咪會「被怎麼了」。沒多久，動保處人員打電話來通知我，已經以急件將貓咪載到動物醫院緊急治療。沒想到政治圈的人脈能夠救回一隻可憐的小貓，我感到很欣慰。

我還想分享一個例子。有時結算薪水會因為內部的「作業疏忽」而多算了幾百元給同事，若他點錢簽收時發現「好像多算了錢」而向我反映，我會告訴他：

「就用你的名義來請同事們喝飲料。」

其實很多時候，我是故意算錯的。這是為了「做球」給每位同事，讓他們輪流請客，多累積團隊之間的互動資本。這也是一種防患未然，人跟人相處難免會有一點摩擦或誤會，比如在會議上大家熱烈發表意見時，某位同事或許會不經意地講了一句無心的話而傷到他人，這是很可能發生的事。在還未演變成衝突或爭執之前，藉由不時帶給同事們非預期的小驚喜，通常在人際互動上會更和諧融洽。

一位同事有著某項先天性的疾病，我每個月會自掏腰包補貼他一千元。金額不是很多，也不一定能實際協助到他，但這代表公司關心同事的決心。「食人一粒卵，人情講袂斷」，經營事業要堅持走對的路，但對待同事要多點關懷與管理的藝術。

俗諺17 「好喙大富貴。」

【字義】嘴巴甜可以大富大貴。

【釋義】說話要有藝術。

在實體世界中，如果你讓一位消費者不高興，他會去告訴六個人；但在網路世界中，如果你讓一位顧客不滿意，他會運用網路社群把消息傳播給六千個人，而且實際上這個數字可能被嚴重低估。

政治圈相較於其他行業，有著許多「熱情」的民眾，隨時會把主觀情緒四處分享，傳播力道和殺傷力之大，可能像洪水般湧上來。在許多新聞事件都能見到端倪，一個小動作就可能造成落選，不可不慎。因此，面對不喜歡的事情要圓滑處理，要拒絕也不能得罪任何人。如何婉轉拒絕又不失禮，是一門高深的學問，這些都得透過平常與民眾的接觸來累積工夫。

我想到幾件過去拜訪民眾時發生的趣事。剛開始跑行程的第一年，我完全是個沒有社會經驗的菜鳥，某次和老闆去參加一場高中家長會的聚餐活動，老闆坐主桌，我則和其他家長坐同桌。和我同桌的一位家長曾經當過鄉鎮代表會主席，他告訴我：

「這桌的所有人，你都要去一人敬一杯酒，這樣大家才會支持你們。」

我一聽到他這麼說，真的一人敬一杯酒，那桌一共十位。我的酒量不太好，大概喝兩杯就臉紅。喝完十杯後，我整個人掛掉了。後來老闆對我機會教育，要我懂得保護自己：「真正支持我們的人，不會用這種方式強迫自己人喝酒。如果有些要求或行為太超過，他們不支持我們沒關係，至少我們心安理得。」

經過長時間的「鍛鍊」，我的社會經驗值慢慢提升，也開始懂得如何委婉拒絕，學到說話的技術：

「大哥不好意思，我們出來跑行程都自己開車，如果喝了酒，等等就無法把車開回去。」

「我們出來拜訪是代表老闆，等等還要跑其他行程，臉紅紅的不好看啦。」

還有一次，我們到某間廟宇拜訪一位主委。這位主委非常熱情，一直招呼我們喝他沖泡的茶。有泡茶經驗的人都知道，一般會用熱開水把杯子沿著杯緣燙過，以消毒或殺菌。但這位主委的習慣是用自己的右手大拇指，沿著杯子搓洗一圈，這一幕至今令我印象深刻。這個看似不衛生的舉止其實隱含著南部人的熱情，喝與不喝，都有其學問。

後來，我選擇沒喝，用善意的語言來化解這場尷尬：「大哥，我晚上喝茶會睡不著啦。」假設沒有妥善處理這些人際眉角，通常他人會這麼認為：

「你是看不起我才不喝我泡的茶嗎？」

「你是嫌我泡的茶不好喝嗎？不然為什麼不喝？」

每個人都有自己先天的性格，但隨著環境的影響，也會慢慢形塑出另一個自己。我以前在為人處世上也是橫衝直撞，但政治圈的歷練讓我知道要把人生的路走寬走廣。「好喙大富貴」，圓融是一種大智慧、一種高境界，更是做人的重要原則。而且我認為，最終都要緊扣這個關鍵字：真誠。

俗諺18
「做人著認真，做事著頂真。」

【字義】做人要認真，做事要細心。

【釋義】為人謙虛誠懇，處事謹慎小心。

人生走了三十五年，有很多心得，對於很多事都能看得比較開。以前的我在某些事上很「堅持」，說好聽一點是擇善固執，其實心裡也知道自己站不住腳，只是不願去面對自己不講理的事實，說穿了，都是面子在作祟。

我的家族在過去是地方望族。我又是長孫，加上天性好強，養成不輕易低頭認輸的個性。研究所即將畢業前，父親心肌梗塞過世。父親的離開對我的打擊好大好大。病發前他其實已經咳嗽多天，他不以為意，也沒有人建議他就醫。當天他自行開車前往診所，沒多久我接到醫院打來告知父親暈倒的電話。趕到診所後，映入眼簾的是父親的車子斜停在門口，據說是下了車就昏倒在路邊。我衝進診間只見父親躺在床上，護士正緊急做CPR，後來搭救護車到奇美醫院仍回天乏術。

每對夫妻都有其相處之道，在我們家則是母親掌管經濟大權，父親把賺來的薪水全部交給老婆管理，固定一段時間再領取一千塊的零用錢。小時候的我並沒有深刻的感受，直到某次看到父親默默吃著饅頭果腹，眼淚瞬間奪眶而出。

對比曾任公職的母親因為公司時常補貼員工旅費而有許多出國旅遊的經驗，父親完全沒有出過國，一輩子省吃儉用。**他把一生奉獻給這個家，幾乎沒有享受到人生，他這輩子吃了很多苦，卻沒有苦盡甘來，就這樣撒手離開**。即使父親過世好幾年，我對外仍說「爸爸還在上班」，因為好勝不服輸的我無法接受被同情，也不想承認自己的脆弱。

這樣的性格使我在職場上遇到很大的挫折。我在二十七歲當到主管，其他同業種、同位階的主管已經四、五十歲。老闆充分授權，讓我處理很多敏感的案子。我又是個很愛面子的人，面對別人的批評或指正會「選擇性」接收，即使內心點頭如搗蒜，仍舊堅持不在眾人面前承認自己的錯誤，縱使這是一件所有客觀證據都指向自己、可受公評之事。這正是所謂的「騙得了別人，騙不了自己的心」，可以用三種動物行為來形容：

- **外顯像隻河豚鼓起來武裝自己，否認犯錯。**
- **言語像隻鸚鵡卯起來解釋自己，否認犯錯。**
- **內心像隻馬陸蜷起來躲避自己，否認犯錯。**

當時的我每天以超英趕美的態度自動加班，每天平均工時十六小時，每天幾乎只睡四小時。有一句話叫作：「少年得志大不幸。」而這句話是對還是錯，取決於自己怎麼做。年輕人有著服務熱忱、做事有衝勁、學習力強等優點；相反的，缺乏經驗、社會學分不及格，更不用說領導統御的能力。年輕氣盛的我只想著：「做自己就好，幹麼在乎別人那麼多？」這樣的想法在心中萌芽，於是我把個人的工作型態硬套在其他同事身上：

- **把自己的做事態度投射在同事身上，導致大家也必須留下來加班。**
- **溝通技巧不純熟，經常用上對下的方式來交辦事情，而不是以德服人。**
- **對A同事分享B同事在工作上需要調整的地方，但無法做到「對事不對人」，最後變成說三道四的造謠者。**
- **對於不擅長的事情，即使同事比我懂，我也裝懂。**

而同事對我的反動就是：

- **表面上受制職權而服從於我，但內心對我不服氣。**
- **許多政令無法出大門。**

・時常下班後聚在一起講我的是非。

・在老闆面前反制我。

老闆察覺到我和團隊之間的狀況，把我找來約談：

「柏均，我不知道把你拉到這個位置來，是在幫你還是在害你……你明天不用來上班了，放假一週吧！」

當時我感到自己正在往上爬，覺得人生愈走愈順，沒想過居然會重重摔下去。老闆這句軟性的話，比直接把我罵一頓還要痛。我在家徹底反省了一週後回到工作崗位，主動向老闆和所有同事致歉。

每一件發生在人生中的事，都有它出現的理由與機緣，都是為了幫助我們成為更好的人。對於每一件和自己預期不符的事情，可以選擇虛心檢討，也可以解讀為對方在找麻煩、跟自己作對。但後者會讓我們快樂、讓我們成長嗎？還是種下另一個惡性循環的開端呢？

我選擇正面思考，把每個人當作貴人，把每件事當作轉機。我相信只要願意在每一件沒做好的事情上勇於承認自己的錯誤，真誠且虛心地檢討和改進，「**道歉的力量**」**是很強大的，可以增強心理素質，也可以解決人際問題**。

對於事業與人生，我學到幾項寶貴的經驗：

- **傾聽每位同事的問題與需求，用心協助對方解決。**
- **做錯事就勇於向對方道歉，真心誠意尋求對方諒解。**
- **展現當責的態度，所有夥伴的事，管理者責無旁貸。**
- **尊重專業，不懂的事不要裝懂。**

與同事討論事情，如果屬於我的專業或較有經驗的領域，我會先提出大方向，假設同事在該領域也有專業，且與大方向沒有太大衝突，都可以嘗試。倘若不是我的專業，就照著同事的建議操作。**要有承認同事在某些領域比自己厲害的勇氣與雅量**。爭面子是一時的，一時的面子爭到又如何呢？之後還得回過頭來修復爭面子時產生的情緒與裂痕，得不償失。最重要的是失去了裡子。**懂得服輸是一種選擇、一種能力，更是人生定位**。

自從有過被勒令休假一週的磨練後，「做人著認真，做事著頂真」成為我的人生態度。人生沒有最好，只有努力讓自己變得更好，才能讓身邊的人也跟著好。

二

恆篇

慢，即是快

眼光放遠，贏在終點

俗諺19 「荏荏馬，也有一步踢。」

【字義】虛弱的馬，也是會踢人的。
【釋義】天生我才必有用。

民意代表的服務處如同一間公司，必須面對各式各樣的「消費者」：沒讀過書的老人家、博士學歷的高知識分子、黑道白道、達官顯要、平民百姓……每種身分、每個族群都代表一個受眾群體。

在一般的行銷概念，如果要開設一間公司，並不會設定寬廣的受眾，而是在初期先鞏固顧客群，累積一定能量後才往其他領域發展，畢竟長期不停地回應不同消費者的各種需要，容易耗盡一家新創企業體的資本。不過，政治這個行業可不能挑選客戶，只要二十歲以上、具有投票權的臺灣人民，都是民意代表要服務的消費者，服務處自然需要足以回應各種需求的強大團隊。

在工作內容上，服務處囊括的服務可謂包山包海：跑紅白帖的婚喪喜慶、造橋鋪路的事前會勘、審核與擬定預算書、例行性質詢等一大堆。面對如此繁重的工作，服務處的工作人員除了要具備專業，更需要領導者進行專業分工。舉例來說，如果讓擅長跑婚喪喜慶的祕書撰寫市議員質詢稿，那會是一場噩夢；如果讓不熟悉社會語言的年輕人去和地方耆老交陪，則會適得其反；如果讓負責文書的助理上臺主持活動，他可能會支支吾吾。在某些特定任務，經驗老到的前輩清楚做事竅門和人際眉角，能快速完成目標，帶來事半功倍的成果；也有人不僅無法在時限內達成任務，還會出包，甚至浪費資源。

有段時間，老闆聘用許多年輕人，至少六位二十來歲的助理，這在當時尚未吹起幕僚世代交替的臺南，是很大的決定，必須冒著被嫌不會應酬喝酒、說話技巧不漂亮等風險。但老闆認為，做事積極、對人有熱忱、願意一步一腳印的特質勝於一切，也很樂於接受年輕人的想法，年齡、經驗從來不是用人的首要考量。她經常跟我們這群年輕幕僚聊天、互動，讓我們很受鼓舞。

「年輕人在想什麼？」

「年輕人想要改變什麼？」

「雖然我比你們年長許多，但是我的心也跟你們一樣年輕開放。」

雖說我在大學、研究所時期念過休閒管理、行銷管理，也讀了數以千計的相關書籍與雜誌，腦中累積許多個案和依據，但在踏入職場前，這些都是紙上談兵。初出茅廬的我只想認真做事，但在細膩的人際互動上往往不夠周延，也不夠圓融。這就是成長的過程，也是老闆捨得對我的投資。

受到老闆用人的薰陶與高強度的鍛鍊，我培養出一個長處：很會觀察人。二〇二〇年年初立法委員選舉時期，服務處來了一位成大畢業生，他帶著滿腔熱血投入選舉。可惜的是，「沒有經驗」讓他不斷碰壁。

選戰進行時，服務處的節奏相當快，許多活動應接不暇，不擅社交、不懂待人接物的他臨時披掛上陣，遇到許多挫折。我在競選期間注意到這個情況，也仔細觀察他的強項和弱項，選舉結束後立刻邀請他來加入我的事業團隊。事實證明，在補習班教書是他的專長，他得以發揮得更多。我也請他為公司撰寫文案、拍攝影片，帶來許多正效益。這正是「將對的人放在對的位置」的成效。

之前在服務處有一位擔任內勤、處理文書的同事，老是被唸資料漏東漏西，影響整個團隊的效率。他打算將在白天所受到的挫折，藉由其他方法來彌補。由於同事們都共有一個「紅白帖時程」，他利用下班後的晚上時間默默去各個喪家，一一祭拜所有守靈室，而且每天都去。大部分政治人物只在公祭當天出席，然而他以持之以恆的勞力做出差異化，或許就是所謂的「綿死綿爛」（死心塌地）吧。久而久之，喪家在外遇到老闆時不經意提到：

「妳下面那個×××真的很用心，都在殯儀館陪我們到很晚。」

老闆一聽，立刻將他調到外勤，讓他充分發揮自己的特質和長才。

「荏荏馬，也有一步踢」，在服務處看過各式各樣的人才，我相信天生我材必有用，每個人都有不可取代的能力，即使一時之間遇不到提拔自己的伯樂，也不要看輕自己。人生就是要不斷激發潛能，其實你可以做得比自己想像的還要多。只要經過時間的歷練，沒有人可以侷限你的極限！

俗諺20

「捷講喙會順，捷做手袂鈍。」

【字義】常講會愈講愈順口，常做會愈做愈熟練。

【釋義】熟能生巧。

長時間與各類型顧客接觸的服務業，必須具備的知識和技巧相當多。而複雜度可喻為「服務業之首」的政治工作，更講求從業人員培養「有溫度」的工作態度。

「待人接物最基本的尊重，就是認識一個人以後，下次見面要叫得出他的名字。」

早期在政治圈闖蕩，這是我從老闆身上學到的第一課。只要一睜開眼，面對眼前的每位民眾，都要仔細觀察，記錄細節。我總是隨身攜帶筆記本，記下所有接觸到的人事物。

老實說，「認臉」不是一件人人都做得到的事，有些人天生「臉盲」，這其實是需要經過長期訓練的。我想起人生中買的第一本商業書，就是臺灣飯店教父嚴長壽總裁的《總裁獅子心》，書中提到，亞都麗緻飯店服務員能記下每位外籍賓客的全名、喜歡吃的菜色、習慣入住的房間，以提供賓至如歸的服務。

在第一線處理服務案件，與民眾見過一面，下次見面卻沒有打招呼的結果，不只是讓對方心情不好這麼簡單，招來當面指責、導致流言蜚語在外散播，都有可能。**少一聲招呼、少一個尊重，就會被視為隨便**。

我在大學養成的做筆記習慣來到政治圈得到真槍實彈的歷練。對於我所見到的每個人，必定會鉅細靡遺地記錄下來，記錄什麼呢？舉凡髮型、是否戴眼鏡、喜歡吃什麼、車款、車牌、常出沒的場合、異性關係等等，由於有這樣的習慣，後來拜訪民眾、處理服務案件，都能漸漸做到讓對方「感心」（感動）的地步。

前陣子看一份研究提到，人的大腦中，所有資訊都在爭奪空間。要克服臉盲，除了靠勤書寫來磨練之外，還有一個小技巧：與每位初次認識的朋友見面時，當對方說出自己的名字，我一定會複述他的名字，並在心中不斷反問，以增加記憶點。我試過很多次，這個質問自己的小技巧非常有效。

也因此，在補習班面對數千名的消費者（家長），我認得每一位家長，除了他的小孩名字、班級等基本資訊之外，還包含家長開的車子廠牌、顏色，以及在哪裡工作等細節，這些都是我一見到對方就能立刻連結的消費者資訊。

「捷講喙會順，捷做手袂鈍」，這句臺灣俗諺也呼應李小龍說過的一句話：「我不怕練過一萬種招式的人，我只怕把一種招式練一萬遍的人。」我認為做事不在於多，在於專注、在於精。不論任何大小事，舉凡學習、事業，甚至磨練認臉的能力，只要反覆實踐，假以時日必能做到極致。

俗諺21

「軟土曝久也會碇。」

【字義】軟土曬久了也會變硬。

【釋義】只要工夫深，鐵杵磨成針。

老闆首度參選縣議員時，在地方的名氣並不高，很多地方人士從未聽過她的名字。我和同事代表老闆出去發傳單時，經常招來同黨同志的冷嘲熱諷，被說不自量力。他們當然不敢直接對老闆說東說西，不過面對位階較低的助理，酸言酸語自然全數道出。

某次，我去拜訪一位地方「頭人」（領袖）。這位「頭人」和老闆同黨籍但不同派系。可想而知若去拜訪他，被打退堂鼓的機率極高，同政黨內的各派系之間，就連彼此的臉書都不願意按個讚。但我想挑戰自己像個「超業」一樣，在這位「頭人」的家門口守候好久（沒錯，又是「苦等」招），然後上前向他打招呼。他以為我心懷不軌，拿著菸灰缸朝我砸過來，要我滾蛋，讓我當下好錯愕。但也多虧了這些震撼教育，稚嫩的我經過多次社會洗禮後逐漸累積了自己的「業務力」。在政治圈的操練告訴我：**業務力就是「恥力」**。

還記得和夥伴們剛出來創業時，一位活潑好動的學生被家長送來補習班。那位家長的身上刺龍刺鳳，走進補習班講的第一句話就是給我們下馬威：

「告訴你們，如果我小孩下次段考沒進步，我就換補習班！」

其實這位學生對學習是感興趣的，但由於先前沒打好基礎，課業表現也不佳，逐漸失去信心。看到這孩子，我就想到過去的自己，我也曾被一些師長貼上「過動兒」的標籤。我慢慢教導他，他也逐漸有所進步，不只主動學習，上課的專注度也提升了。後來他敞開心房，對我說出心裡話：

「老師，我真的有慢慢喜歡上英文了。不過我爸還是只看成績，說我補習都沒有用……」

看到孩子的學習態度有所改變，我相當高興。但我也明白學習這件事需要時間、空間，無法有立竿見影的成效。下次段考成績出來，他並沒有特別進步，於是家長只用手機傳了一句「我要換補習班」，就把孩子帶走了。

收到訊息的當下我在外跑公務，無法即時與家長溝通，我的回訊是：

「○○爸爸，這週六如果您有空，我希望能到府上拜訪一趟，跟您聊聊弟弟的學習狀況。」

因為我不願再看到任何一個孩子重複我的經歷！可以理解家長對孩子都抱有期待，然而這會不會是錯誤的期待呢？短視近利要求補習班、要求孩子立刻拿出成效，只會一再惡性循環，更重要的是會摧毀孩子的信心。我寧願花費自己的休息時間，無論如何都想當面與家長好好溝通。

可想而知，這位態度強硬的家長應該十分排斥我的到府拜訪，對於我傳給他的訊息不讀不回，我明白需要耐心與毅力來磨合。週六下午，我仍抵達學生家門口，但撲了個空，沒有人在家。當時正好颱風過境，颳著大雨（好啦真的每次我的殷勤守候都遇到大風大雨），我想大部分的人遇到這個情況應該就摸摸鼻子回去，改天再來拜訪吧？

然而一想到這位學生一定會再次陷入在不同補習班轉換的艱苦處境，即使壓根不曉得他們何時回來，我就是不想錯失任何渺小的機會，依然西裝筆挺，一聲不吭地站在門口守候，從下午等到晚上。這一整晚，我仍然等不到他們回家，於是我睡在車上以便明早繼續等待！

到了第二天傍晚，他們一家人回到家。我披著一身濕透的西裝、拖著狼狽不堪的身子上前去找他們，家長則是一臉狐疑，因為鄰居早就向他通報：「欸欸，有一個穿西裝打領帶的怪咖在你家門外不知道要幹麼？」（說起來我還真幸運，沒有被警察抓走……）

「○○爸爸，我和老師們會回來這裡創業，是因為這裡是我們的故鄉、養育我們的土地，所以我們把每位學生當作自己的弟弟妹妹。○○爸爸您不要看我這樣，其實我國高中的時候成績很爛，所以我知道改變讀書方法和態度很重要，也需要時間。我知道○○爸爸為了這個家在外打拚，上了一整天的班回到家裡已經夠累了，但就算再累，也希望小孩能夠自動自發，好好學習。弟弟在家裡有沒有在讀書，您也很清楚……我會對您全權負責，每週一到五弟弟上學以外的時間都來補習班自修，不用收費，我們陪他、教他。」

所謂的「談判」，首先就是把自己與對方放在同一國、站在同一陣線，接著以軟性的方式讓對方察覺自己的疏失，最後強調「我們比其他同業都要用心」。在我動之以情又說之以理的苦勸下，家長終於「頑石點頭」，願意再給我一次機會。後來，這位學生在大學學測的表現相當優異，也考上國立大學。看到他有這樣的成果，我好慶幸自己當初的堅持。

我和夥伴們開設補習班的理念是：幫助每位學生「改變」，所謂的改變並不只是成績進步，更重要的是漸進式地調整基本面：學習態度和意願。然而這種改變無法速成，需要透過長期的鼓勵和各種方式，因為我自己就是這樣走過來的。許多時候，家長不見得能在短時間認同我們的教育理念，但是「軟土曝久也會碇」，我願意身體力行，讓家長看到孩子的潛力和老師的用心。

俗諺22 「割稻仔尾。」

【字義】收割稻穗。
【釋義】不勞而獲的人。

大家應該聽過大學教授會在課堂上對同學耳提面命：分組報告要各司其職，有人擅長簡報，有人擅長蒐集資料，有人則擅長美工，各盡一點心力，才能把任務做好，而不是當個「free rider」（搭便車的人）——只享受成果而不願費心勞力的「割稻仔尾」。我時時提醒自己，在組織或群體裡，對於夥伴交付給我的工作，或大家討論決議後的任務，一定要徹底執行，做一個不讓人擔心的好戰友。

跟在老闆身邊多年，走過三次勝選、一次敗選，曾經在最困苦的時候爬到高峰，又因為落選而墜入谷底，最後再搏命演出爬了上來，這一路走來，我看過不少的「割稻仔尾」，也讓我領悟到一件事：真正挺你的人，當他需要協助，通常會用客氣的方式溝通；反之，大鳴大放者，不見得是最支持你的人。

舉例來說，政治人物勝選後往往會遇到一些民眾主動提出「要求」：

「你都不知道我幫你拉了很多票，你一定要幫我兒子安排去市政府上班！」

「選舉時我叫很多人捐錢給你，幫你募到很多競選經費，所以我要……」

「我和我親戚都有去你的服務處當志工，付出很多，你要給我……」

還有一種情況是，某些政治工作者會拿著首長的名片拜訪企業家金主，聲稱自己代替首長來募款，但必須「私下處理」，無法開收據。

「董仔啊～您也知道首長不好意思跟您開口，所以請我來跟董仔募款。」

對方看到名片後不疑有他，老老實實地捐了款，殊不知這些人其實是假借首長的名號出來招搖撞騙，享受現成的福利。有的人沒有如實呈報金額，有的人連整筆錢都沒拿回去。這種騙術還會做到很「周到」的地步，事後送上感謝狀，感念對方的募款。畢竟捐款的當事人與首長並不認識，無法向本人求證。類似的案例在政治圈實在層出不窮，無論金額多寡，有些人連個幾百塊也要占為己有。

臉書上也常見「割稻仔尾」。舉例來說，A政治人物辛苦爭取了某項建設，而B政治人物自己不願付出代價與心力，一聽到建設經費要撥下來的消息，立刻搶在臉書上宣告是自己的功勞，專門藉由「先講先贏」來攔截、掠取他人耕耘的成果。

有一句臺灣俗諺叫作「鴨蛋雖密也有縫」，天下沒有不勞而獲的事，再怎麼縝密的「計畫」，終有一天一定會被識破、被揭穿。用高標準看待自己，潔身自愛，拒做「割稻仔尾」，才能贏得真正的相挺，也才能扎扎實實地建立正面口碑和品牌形象。

俗諺23 「好天著存雨來糧。」

【字義】好天氣就要儲備雨天需要的糧食。

【釋義】未雨綢繆。

我一直記得徐重仁總裁和我分享幾個從小處找到商機的故事。徐總裁只要去日本出差一定會下榻帝國飯店，因為帝國飯店的服務人員記得每位顧客的需求。他們記得總裁常看的報紙、適合的枕頭高度，就連習慣左側睡還是右側睡都一清二楚，讓他踏進大廳就像回到自己的家一樣舒適。

另一次，總裁從東京趕到大阪開會，把行李箱交給宅急便運送，結果人到了大阪，行李箱卻沒跟上，當晚他要出席一場正式會議，西裝就放在行李箱裡。總裁焦急地與客服聯繫，對方竟然派專員陪同他到百貨公司，當場買一套西裝送他。「當科技愈發達，服務就必須愈有溫度。」徐總裁總是這樣耳提面命。

臺灣政壇謠傳一句話：「選舉沒師父，用錢買就有。」特別是地方選舉，難免會有疑似買票的情形發生。某次根據支持者的指證與外界的消息，某位候選人在我們選區中的好幾個鄰里「疑似」有買票的行為。依照過去經驗和地方民情，我們推測這個候選人的服務團隊前往買票的地區必然是其勢力較弱的選區。而他們採取的策略是鎖定鄉下的爺爺奶奶們，即使老人家不缺這錢，仍會因為收了錢而不好意思不投他。由此推測，他們的下一步就是針對最支持老闆的鄰里展開攻勢。

我們當然不能任由鄉親被不公正的手法所騙。我和同事們先前往該里埋伏，掌握候選人競選團隊中每個成員的特徵，包括五官、身形、車型、車牌，都記得一清二楚。

接著採用各種「跟蹤」策略，以達到「威嚇」的效果，讓他們「買票買不下去」。有時是請殘疾人士騎著三輪機車，用車後播放音樂的基本配備（俗稱「小蜜蜂」）進到小弄小巷內宣傳。有時則是我和同事們開車跟蹤。有幾次對方發現我們的行動，下車對著我們叫囂、訐譙三字經，甚至拿起棍棒作勢要打我們，機靈的同事立刻拿出手機錄影，才讓他們作罷。要在政治圈闖蕩，就是要具備如此細膩的觀察力和敏銳的反應力。

和夥伴們回臺南新營創業的初期，我們經常向鄰近的家長和學生發傳單，也會到母校南新國中發傳單，除了可以在第一線與潛在消費者透過寒暄的方式拉近距離外，我一定會進一步深聊，以獲取更多消費者的資訊。

連續發了幾天的傳單，我發現好幾位家長都告訴我：「你們的補習班距離我們家太遠了，帶孩子過去不方便。」歷年來的確是有學生從較遠的鄉鎮，甚至跨縣市的嘉義前來就讀母校，然而我發現這些家長騎著摩托車、穿著十分居家，不太像是大老遠跑來的樣子。

進一步閒聊後，家長們透露他們住在新營的新北街，這條街距離補習班，騎機車僅不到五分鐘，令我相當震驚，也突破我的盲點，我開始反思：「原來對於消費者來說，這樣叫作近、那樣叫作遠，所以他們真正需要的是什麼？我們又該如何回應？」這五分鐘載孩子的車程，不一定每位家長都願意做，於是索性把小孩送到距離最近但不見得是最適合的補習班。有過這個實際接觸潛在消費者的經歷，我和夥伴們決定往後都鎖定學校附近，也就是走路三分鐘的距離開設直營店，才能真正符合顧客的需求。

好地點絕對是走出來、問出來的

家長選擇補習班，除了內容、師資外，更有學生交通安全、接送便利等考量。相較於許多同業只開一間規模龐大的補習班，即使師資充足，仍然無法照顧住得比較遠的學生，而我們的七間直營店都選擇鄰近學校的區位，以回應家長的需求。

你相信嗎？我每天都會到幾個商圈走一趟，這個習慣維持了十年以上。路是人走出來的，如果你是實體店面的經營者，一定要用雙腳拚命地走。每天的情境都不同，有時候昨天沒有，今天沒有，明天就有了。關鍵在於鍥而不捨。

一般而言，好地點不會輕易出現在租屋網，因為很快就銷售出去。而我們的第三間直營店掌握了地理優勢，開設在新營區公立國中升學率最好的明星學校對面。這間直營店的成立，其實是我日積月累觀察的成果。

當時我注意到這所明星學校對面有間房子的鐵門總是拉下來，卻沒有貼上任何出租傳單。除了鐵門緊閉之外，我從幾個線索推敲出這裡似乎沒有人住：隔壁住家的轎車總斜插在這間房子的停車格，橫越兩格停車格；信箱塞滿近一年分的信件；水表停滯等等，觀察到這些跡象後，我對這間房子產生好奇心，找了機會詢問隔壁屋主。

這位屋主正好是這間房子的建商，他相當意外我會注意這些細節，於是娓娓道來這間空房的故事。原來這間房子的屋主多年前移居海外，幾乎不會回臺灣，也並不特別需要錢，才沒有出租房子。這位建商協助我們聯絡屋主，屋主也慷慨地將房子租給我們。於是我們的第三間直營店就順勢成為明星學校對面的補習班，占盡地利優勢。

「區位」絕對是所有實體創業者必須掌握的重要因素。要在一級區位立足，不僅是取決於資本是否足夠這麼簡單，要面臨的也不是只有房租壓力，還需要充足的技巧，必須費盡一番工夫才能將事業體建立在適合的區位，在業界踩穩腳步。而我和夥伴們有把握預定開設的直營店地點只有我們租得到，就算這些地點一開始沒有空下來，但總能取得先機。「好天著存雨來糧」，平日的累積和觀察終能帶來意想不到的優勢。

俗諺24

「骨力做，才趁會著好運。」

【字義】努力工作，才會賺得好運氣。

【釋義】機會是留給準備好的人。

認識徐重仁總裁的契機，是在臺大農經所求學時期。當時系主任為所有研究生開一門演講課，邀請全臺灣各領域的成功人士到校分享，並將演講名單的推薦權利交給系上學生，讓每位學生都有機會邀請自己青睞的大人物。而我當然是邀請我的偶像——時任全聯的徐重仁總裁。

順利邀請到徐總裁後，我開始籌畫：把先前買好的所有總裁著作都帶來，請他簽名；思考在QA時間提出哪些問題，才能脫穎而出。**大人物的時間是有限的，給**

予我們的機會更是有限，一次機會沒把握好，就再見了。

全聯當時併購全買等生鮮市場，推行小農二代店的實驗性策略，讓小農商品在這些店面上架，農經所的同學們必然會問到農業相關問題。我深知總裁的專業是流通行銷，提出相關問題或許能讓總裁侃侃而談，同時凸顯我和同學的差異，果然總裁花了不少時間回應我的提問。

演講結束後，沒有名片的我將一張Ａ４紙撕得正正方方，在上面寫下自己的學經歷、電子郵件、臉書連結當作陽春名片遞給總裁。回臺南的高鐵車程上，我看到總裁確認我的臉書好友邀請，並私訊說：

「周博：你的熱忱和用功讓我印象深刻，你的創業將來一定會成功的，需要我幫忙的地方不必客氣。加油！」

當下我一度以為：「總裁是不是傳錯人了？」揉揉自己的眼睛，清楚看到這是我的名字，我在心中驚呼：「這真的是總裁本人嗎？」對於我這個小毛頭來說實在是件欣喜若狂的事情。我心想，這正是「骨力做，才趁會著好運」的體現吧？像我這樣一個平凡人，若要和偶像相遇，就需要不斷努力。

認識徐總裁不久後我畢業回到臺南，眼看就要和住在臺北的總裁斷了聯繫，宛如被迫踏上「遠距戀愛」的情侶，於是我開始思考該如何維繫關係。首先，我很清楚自己不可能和總裁「較聊」（比聊）。社會經驗、社經地位不足的我，和這樣的大老闆不會有什麼共同話題。

絞盡腦汁後我想到一個做法：我可以「自任」總裁的遠端祕書，從行銷雜誌、書籍，或臉書、ＰＴＴ等平台，將所有關於全聯、總裁的報導、專欄、文章彙整成重點和心得，定期傳給總裁。我就這樣自動自發，默默將每週的資訊整理給總裁，近一年的時間。

有一天，我例行性地傳送資訊，結果得到總裁的回覆：「周博，要不要來我臺北的辦公室聊一聊？」同時傳給我祕書的聯絡方式，就此開啟我擔任重仁塾讀書會南部負責人、與總裁共同參與《Cheers》雜誌專訪的契機。我也依循著總裁利他共好的價值觀，持續走在為工作夥伴、消費者，甚至競爭對手服務的路上，建立一個又一個的善循環。

從讀者到粉絲，從粉絲到網友，從網友到朋友，從朋友到塾生。我從未想過能在年輕時就結識徐重仁總裁，也從未想過能受徐總裁的提攜。「骨力做，才趁會著好運」，經過持之以恆的付出努力，機會和挑戰隨即在經驗值與能力累積的過程中適時來到我的生命中，讓我得以收穫豐富的改變與成長。謝謝徐重仁總裁。

俗諺25 「半暝刣豬，嘛是天光賣肉。」

【字義】半夜殺豬，也是等到天亮才開始賣。

【釋義】不急於一時，穩紮穩打。

美國史丹佛大學曾經進行著名的「棉花糖實驗」（Stanford Marshmallow Experiment），受試者可以選擇直接享用眼前的棉花糖，或者選擇等待一段時間後得到雙倍的獎勵。研究發現，能為獎勵等候更長時間的受試者通常有著更好的人生表現。對於經營者而言，人才招募和門市擴張常常是「棉花糖」難題。

先前的篇章「生囝師仔，飼囝師傅」提到招募補習班國小部主任的過程，在我多次邀請下，他終於放下自己的工作加入團隊。其實若以我們二十多年的交情，我有把握第一次就能說服他加入。但我知道強摘的果實不甜，當時種種條件沒有備齊，他的工作還沒有交接，心態也尚未調整好，如此躁進只會壞了大事。

我認為在冥冥之中，老天會安排一條適合的路給準備好的人。我曾為了協助老闆投入選戰而選擇延畢。延畢當然不是什麼值得驕傲的事，但我也常想著，假設沒有延畢，我就不會在軍中遇見兩位願意和我一起打拚的夥伴，事業或許不會順利展開。只要盡力，就會在對的時間遇到對的人。但是，在此之前，必須做好準備。

前幾年，位於第一間直營店與第三間直營店之間的某個同業因故歇業，房東希望將店面轉租給我們。一店和三店的距離相當近，騎腳踏車僅五分鐘的距離，當時我們在這裡連開兩家店，許多同業以為我們「頭殼歹去」（腦袋壞掉），然而我們看中的是兩間店各緊鄰一所學校，因而開設補習班，後來也證明這項策略沒有錯。

隨著快速成長，兩間店的教室空間愈來愈不足，而這個突然空出來的店面不僅空間大，租金也不會太高，是個難得的機會。我和夥伴們並沒有躁進，經過數次的開會討論，我們一致認為，假使為了空間而租下新的店面，則必須放棄有區位優勢的一店和三店，如此一來並無法發揮一加一大於二的綜效，最後選擇放棄這個唾手可得的機會。

這一、兩年，我也漸漸深刻體會什麼叫「慢即是快」。展店這件事很像在玩跳棋，如何借力使力，讓組織資源分配共享很重要，太多細節要審慎評估。若補給線拉太長，後勤無法跟上，即使兵多將廣，也可能遭遇嚴峻考驗。當年的拿破崙征俄戰爭就是個血淋淋的例子，由於作戰和補給供應鏈拉太長，拿破崙所統治的法蘭西帝國因戰敗而分崩離析，導致日後政權終結。廣積糧，緩稱王。步步小心，步步為營。揠苗助長，只會以失敗收場。

如何評斷是否該咬下眼前的棉花糖呢？**每件事的發生並非都是機會**。對於經營者而言，審視組織內部的時序，清楚自己採取的策略，自然可以在正確的時機行動。「半暝刣豬，嘛是天光賣肉」，在此之前，持之以恆付出努力是最重要的。

俗諺26

「硬挽的果子袂甜，硬娶的新娘袂愛你。」

【字義】硬摘的水果不甜，硬娶的新娘不愛你。

【釋義】欲速則不達。

回到家鄉臺南創業的那年，我觀察到新營有著數間一定規模的高級中學和國民中小學，學生必然有補習需求，只要能提供拿得上檯面競爭的服務，一定可以在補教界立足。

二〇一三年，我們打進補教界。以新營區的某所高中來說，二〇〇二年平均一個年段約有九百名學生，二〇一三年逐漸受到少子化影響，下滑為六、七百名。然而到了二〇二〇年，只剩下二、三百名，新成立的補習班面臨學生大幅減少的險峻環境。

打入補教市場之前，我和夥伴們已經擬定好方向和策略。我發覺到，北部補習班的經營模式都採用「一條龍」策略，南部卻少見這樣的形式，因為一位經營者必須管理幾百位老師，也是一大負擔。然而我有一群優秀的夥伴，在資源調度和人力管理上不是阻礙，於是我將一條龍商業模式帶來南部，定位成全方位的事業體，並採取「向下延伸」的策略，從補教市場上困難度較高的服務——高中課程著手。

「殺雞焉用牛刀」，既然擁有堅強的師資陣容，那麼高學歷的老師應該先往高端商品，也就是難度較高的高中課程教起。在高中生和家長之間得到好口碑後，接續開設國中部、國小部、幼兒園部，二〇二〇年，順利成為臺南地區服務最完整的補習班，學生年齡層從四歲到十八歲，提供十五年一貫制的專業服務。在這裡，消費者可以一次購足幼兒園到高中的課程，我們也免於每次招生季都必須陌生開發的壓力，而毫無喘息餘地。只要成為市場領導品牌，就不會被淘汰。

正確的商業模式一定能對營業收入產生實質的回饋。短短六年內，從六坪工作室到六間直營店（目前有七間），每間店平均半年達到損益兩平。這樣的成績跟其他企業比起來可能不算什麼，但對我們這群胼手胝足、白手起家的人來說，已經是令人欣慰的成果了。

做事要積極，但絕對不能急。「硬挽的果子袂甜，硬娶的新娘袂愛你」，無論情場、商場，或大自然，時機相當重要。不過，與其為了好時機而守株待兔，我更建議在平時就累積好資源和勇氣。**命中會注定，晚到不是不到，而是在更好的時間點來到**。只要開始行動，那一刻就是千載難逢的好時機。

俗諺27

「食三年齋，就想欲上西天。」

【字義】吃三年齋，就想要上西天。

【釋義】沒有長期耕耘，別奢望一時登天。

在臺大農經所認識徐重仁總裁以來，持續從徐總裁的演講、書籍中獲益良多。總裁在著作《走舊路，到不了新地方》中，建議想創業的年輕人從自己擅長的事情做起，先把一塊小市場做好，扎實地經營自然會有穩定的營收，營運穩固後再規畫擴充。他提到，日本許多大型百貨一開始也是從雜貨店或賣洋貨的小店做起，逐年精進，最後才變成這麼大。他們並不是為了變成大型企業或百年企業，只是認分地做，做著做著就變成百年了。

為什麼有的人會成功？因為他們沒日沒夜做了很多你認為「無聊、卑微、不想做、改天再做」的基本功，這是一種很大的決心。就如白手起家的馬雲有一句名言：「在一個聰明人滿街亂竄的年代，稀缺的恰恰不是聰明，而是一心一意、孤注一擲、一條心、一根筋。」理念、目標、商機、口號，人人都會想、都會喊，但願意真正捲起袖子打拚的人屈指可數。**付出多少努力，成就就有多大，其餘都是假的**。

現在有些年輕創業者期待快速展店、快速賺錢、快速建立事業版圖。群眾募資曾興起一股熱潮，年輕人帶著各式提案、企畫，到各大社群媒體、募資平台爭取資金，想得到創投關注。

或許因為我比較保守，我不是認為群眾募資不好，而是我相信用自己掙來的辛苦錢才更懂得珍惜，相信許多當過老闆的人都有搶著三點半軋票的經歷，創業就是需要從谷底往上爬的決心。相較之下，用他人的錢比較沒有資金回收、破釜沉舟的壓力。還記得我和夥伴們第一次領到薪水袋時那股無可言喻的感受，這種從無到有、用生命所掙得的薪水，即使沒有很多，卻是最感動也最強烈的。

當錢來得快，就不會想珍惜；當光環都聚集到自己身上，就容易迷失。最後導致遊走法律邊緣，前程似錦的生意毀於一夕，甚至創辦人身敗名裂，都有可能。相信許多人常聽到部分加盟連鎖業開發品牌或商業模式，僅是為了吸引加盟者的資金，事後卻人去樓空，已經投入資金的加盟者遭到詐財。這些都是早已越過底線，以致一去不復返的例子。

我們都是人，都有七情六慾。尤其在政治圈，不是人人都擋得住金錢、美色、黑道白道的誘惑或威脅：

「大哥，我知道你負債一千五百萬，這張支票給你，上面有三千萬，你就收著吧！就算你被開除黨籍，剩下的一千五百萬也夠你用了！」

「董仔，我知道你的公司有逃漏稅，你看是我要叫機關來查你的稅，還是你要收下這筆錢？」

環境的影響是非常可怕的，但是我們可以選擇不要讓自己置於這樣的環境。

「囂張沒有落魄久。」

我想到國中數學老師常講的這句臺灣俗語。看了太多傾權一時、樓起樓塌的例子，感觸好多。只有堅持下去，像蝸牛一樣，不偏不倚地往前走，有朝一日抬起頭，會發現風景更不一樣。

人要到躺下的那刻，才能蓋棺論定，才算走到終點。「食三年齋，就想欲上西天」，凡事應該想得長遠一點，細水長流，贏在終點，而不是曇花一現。戒之慎之。

有些事急不得，有些事緩則亂，收放之間都是智慧。做事情比的是「氣長」，不是比誰先起跑，或誰在中途被絆倒，這是一條內在修練的過程。

俗諺28

「戲棚跤徛久就是你的。」

【字義】戲臺下站久了就是你的。

【釋義】如能持之以恆，成功必屬於你的。

我一直把「日復一日做同一件事，累積起來就是可觀的力量」奉為圭臬。如果拿龜兔賽跑來比喻，我就像烏龜，沒有兔子的天資聰穎，但我很能忍耐，忍受落後的孤寂，因為我知道堅持到最後是我最大的本事，一旦對方在過程中放棄，我一步一步慢慢追，總能迎頭趕上，最終超越。

對於想做的事情，原則上我都能超標做到，絕對不是因為我很厲害，而是我知道如何「制約」自己。還記得嘉大行銷所碩士筆試中有一科是管理學，入門的

第一章一定會談管理學之父彼得．杜拉克所提出的「效果」(effect)與「效率」(efficiency)。以考試來說，充其量只是名詞解釋，沒有太艱深的理論，但將這個觀念透澈運用在人生的話，絕對是受用無窮。

我們常在過程中考量太多細枝末節的小事，而忽略真正應該達到的目標。舉例來說，買一本商業書可能要三百五十元，有些人或許會嫌貴，但我的觀念是，能把整本書的其中一個觀念應用在工作或人生上，就是賺到。反之，一本書就算五十元好了，不能持之以恆把這本書翻完（我說的是翻完，不是吸收完），就是浪費。所以，將自己從「過程型」轉換到「目標型」，先求效果（達成目標），再求效率（節省成本），這樣的調整有助於建立習慣，也能形成良好的制約效果。

很多時候我們發一個願，卻遲遲踏不出第一步，原因可能來自同溫層的「關愛」眼神。假設你對周遭朋友說要做某件事卻沒有做到，一、兩次人家會在心裡打量，次數一多就覺得聽得有點厭煩，久而久之也對你這個人大打折扣。我以前就屬於半途而廢的人，所以深深知道務實的重要性，把大目標拆解成小單位，先達成階段性的小目標，即使不是很顯著的改變，但至少前進一小步，內心的正增強與環境的外層制約不會是負面的，對「務實」建立習慣才有幫助。

「如果每天進步〇．〇一，一年下來就會進步三十七倍。」

大學時我深受這句話所吸引，立志要成為實踐這句話的信徒！

我常想，如果一年是「一．〇一×三六五的平方＝三七．七八三」，那十年就是「一．〇一×三六五的平方×一〇」，二十年就是「一．〇一×三六五的平方×二〇」。不是好高騖遠、只說不做，也不是三日打魚，兩日晒網，而是像蝸牛一樣，即使外在環境颳風下雨，仍堅持一步一步前進，像個紀律嚴謹、按表操課、挑水打鐘的和尚。

做大事，認真謹慎的人多；做小事或關注度不高的事，容易忽略或得過且過。假設一件事沒做好是「〇．九」，兩件事沒做好是「〇．九×〇．九＝〇．

八一」，三件事沒做好就是「○．九×○．九×○．九＝○．七二九」……如此一來，反而要耗費更多時間、人力、金錢等成本來收尾。反之，把一件事做好是「一．○一」，把兩件事做好是「一．○一×一．○一＝一．○二○一」，把三件事做好就是「一．○一×一．○一×一．○一＝一．○三○三」……以此類推，不論個人或組織都會產生很好的綜效。

來到這章的結尾，以下特別分享我常用來制約自己的三個方式：

1. 睡客廳沙發

假設隔天有重要的活動要早起，但又比較晚休息的話，我通常會選擇睡在客廳沙發。兩個原因：

① 沙發不是「平時習慣」的「舒適」的床（請注意引號中的文字，這是你所習慣的，所以要排除）。

② 這是在家裡最容易被吵醒的地方。一旦家人早起走過你的身邊，被吵醒的機率很大。

2. 睡車上

我常被問到的問題之一就是：

「你不是住靠近新營嗎？為什麼運動要跑到善化World Gym那麼遠？」

「不會啊！我之前都是跑去市區的健身工廠耶！」

從新營到市區的健身工廠中華廠（中華東路）或開元廠（開元路），車程至少一個多小時。但我是目標型導向的人，目標是「減肥、健身」，所以目標設定出來後就會想辦法達成，其餘的都歸在細枝末節。其實我是刻意這樣自我訓練，幫助自己撇除一切內心與實質的阻礙。所以現在從新營到善化，車程「僅需」半小時，已經是輕鬆寫意了。

以前跑市區的健身工廠時，我都趕在早上六點一開門就進去運動。我會在前一晚開車到健身房外頭，然後睡在車上，隔天一開門就下車運動。我知道如果當天早上從新營出發，變動因素會增加不少，包含賴床、惰性，所以我選擇睡車上。當然，目標是減肥、健身，所以睡車上的不舒適感等問題就是細枝末節，微不足道。沒有糾結，一下子內心就跨越了。

3. 坐第一排

我國高中的重心都放在籃球上，平日平均讀書時間不到兩小時、假日不到四小時，直到大三開始準備研究所考試，平日能進步到十小時以上、假日達到十五小時。怎麼做的？我將時間拉長到兩年，先從小目標做起。第一步很重要，我選擇制約的源頭——上課坐第一排。

「那個人假認真啦！以為坐第一排就可以〇〇××……」

沒錯，一開始就是要先催眠自己很認真；其次是讓外部因素來制約你，我這邊的設定就是同班同學和老師。一段時間之後反映到你的成績上，他們也會認同你是「真」認真，形成正向循環。

或許以上方法你會覺得太偏激，也不見得適合所有的人，但我想說的是，每個人都有能力實現想做的事，只要學會制約自己就可以。套一句馬雲說過的話：

「不要等到明天，明天太遙遠，今天就行動。」

今天不做，明天後悔，明天過後，還是要做，但落後的不會只是兩天，而是失去競爭優勢。「戲棚跤徛久就是你的」，每天向前一小步，每年向前一大步，追求人生的複利成長。如果你總是無法持續做一件事情，希望這篇文章對你有實際幫助，共勉之。

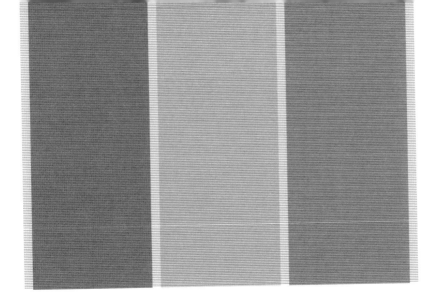

四

善篇

行走在「善循環」的道路上

——人與人之間，不是只有新臺幣

俗諺29 「戇戇綴人去掃墓。」

【字義】傻傻跟人去掃墓。

【釋義】人云亦云，不去查證。

剛開始在外拜訪民眾，不時會遇到一些人前來向我苦苦哀求，說著自己的小孩或父母生病，急需要一筆錢，希望我能借他一、兩千塊，也承諾一定會還。看到有人需要幫忙，我二話不說借給他們，不過對方並沒有還。過了好一陣子我才輾轉得知這些人的實際情況，結果根本不是這回事。在地方上很容易遇到這種情形，我們也不會跟對方討，就當作是年輕時必須付的學費，摸摸鼻子認賠後，告訴自己以後不再犯。

事實上，政治圈裡還有更多骯髒齷齪的事。我有一個政治圈朋友處理民眾服務案件時，習慣索取額外的費用。他的做事方式是，先了解事件的來龍去脈，並向民眾報告需要打點的對象，最後再收取「服務費」，也就是俗稱的收錢辦事。

我還不知道他這一面以前，好幾次和他一起拜訪民眾，他會請我在車上等，自己背著一個包包下去為選民「服務」。當時我毫不懷疑，還很感謝他主動支援，後來才發現，那個包包裡裝的都是向民眾索取的「服務費」。這樣的行為在政治圈有三種情況：

1. 他以我的名義騙取財富，並告訴民眾受我指使。
2. 他對外聲稱跟我平分這些服務費。
3. 他沒有向民眾提到我，自己將錢納入口袋。

無論這老兄使用的手法是上述哪一種，這些錢我都沒有經手，但我卻遭受池魚之殃，甚至被誤認為共犯。整件事情之所以被我拆穿，是某天一位舊識急著找我到他們家，才剛踏進門我就被他問候了祖宗十八代：

「我※○&＊@＋！你們不是該拿都拿了？不是都講好了嗎？怎麼事情還是沒辦成？」

所謂的拿，就是指「服務費」。當下我一頭霧水，平常和這位舊識感情很好，如今對方卻跟我撕破臉。我馬上去和這個收錢辦事的朋友對質，同時將對話全程錄音，讓他的自白公諸於世，才換得我的清白。遇上這種事情，受波及的不僅是我，還有老闆和整個團隊。

自從有過被誣賴的經驗後，我開始抱持一個態度：**對任何事情都要提高警覺，否則自己哪天被賣了都不知道**。在江湖上遇到這種事，只能說被騙久了自然會培養出敏銳度，能夠嗅到每個人真正的意圖，所謂「被騙到出師」就是這個道理。

坦白說，對於社會上各種不肖人士實在是防不勝防，但是基本面一定要做好。我和夥伴們出來經營自己的事業就達成幾項共識：講求絕對的誠信，而且從經營者自己本身做起；以老師們真實的學經歷與教學技巧為招牌，專注於提升服務品質。

我聽過徐重仁總裁向年輕人分享一段話：「每一個轉折都是另一個契機的開始，如果我們願意不斷結善緣，下一個更有意義的『善循環』便會在意想不到的地方展開。」曾經我也是個「躉躉綴人去掃墓」的稚嫩青年，但我沒有複製這樣的惡劣行為，而是選擇盡量在生活中的大小處、力所能及的範圍內行走在善循環中，創造善緣給周遭的人。

人是很渺小的，這個社會沒有非誰不可，更不會因為誰而停止轉動，但會因為你做了什麼而讓社會變得更好。重點在於想做什麼樣的人、做什麼樣的事。人生無常，但至少是一輩子的事，看長遠一點，把路走得廣。

俗諺30 「請鬼開藥單，無死嘛半條命。」

【字義】請鬼開藥單，沒死也半條命。

【釋義】請錯中間人，付錢辦事卻付出慘痛教訓。

我們可以經常在電視新聞上看到，不僅臺灣，全世界許多政治人物濫用個人職權，行官商勾結之實，賺取大量黑心錢。再舉前一節「戇戇綴人去掃墓」為例，某些政治工作者收錢辦事的風格眾所皆知，他們處理民眾服務案件有標準的「SOP」：

1. 信任階段：「董仔，您來請託這件事，我一定會好好幫您認真辦理！」

2. 暗示階段：「董仔，歹勢久等了，我先前試了○○○、×××、△△△等等方法，但是您也知道上面有交代需要一些『東西』來打通關係……」

3. 繼續加碼：「董仔……真的歹勢，上面說不夠……」

他們一定會當面與請託者講這些話術，以防被電話監聽。說真的，即使傻傻付了，若這人心性殘忍，會連著剝好幾層皮。而這一切的ＳＯＰ，不過只是一場戲，最後那些「東西」都進了他們的口袋。

老闆相當反對收錢辦事的風格，也告誡團隊千萬不可以這麼做。某一次，一位與服務處十分友好的朋友，由於剛開公司遇上一些要跑官方程序的行政問題，前來找我們幫忙。在服務處工作常有許多與公家機關、政府官員、政治工作者交手的機會，我馬上介紹位居要津的某政治工作者作為中間人來協助他，並且持續關心這個服務案件。

然而就在某次，我觀察到這個政治工作者默默把好幾個信封袋塞進自己的包包裡，這個小動作讓我直覺苗頭不對，趕緊請朋友婉拒請託，改為我親手處理，擋下一場無妄之災。

在政治圈經常耳聞一些高位者無法克制貪得無厭的慾望，搞到聲名狼藉的例子。還記得幾年前，在各大媒體版面喧騰一時的某中央署長級要員，擔任營建署長期間收受某集團創辦人賄賂數百萬元，又於某縣市副首長任內以數千萬元的代價繼續護航該業者，最後鋃鐺入獄，身敗名裂。這些例子都再再告訴我們「歹路毋通行」，夜路走多了，一定會遇到鬼。

政治人物服務民眾所得到的回饋是人民的選票和合法的政治獻金，若將服務加上價格、跟私利牽扯在一起，早已失去服務的初衷。多年來跟在老闆身邊處理形形色色的服務案件，需要投入相當的時間和心力，只要成功解決問題，總能帶給我發自內心的快樂。經手過上千件的服務案件，我對其中一件印象特別深刻。

剛進服務處的時候，一位住在鹽水區的阿婆在生活上遇到急迫的困難，經常頂著大太陽，騎著破舊不堪的腳踏車來到位於新營的服務處找我們。新營區和鹽水區雖然相鄰，但直線距離也相距十多公里。老闆特別吩咐我，只要這位阿婆前來請託，一定要幫她把腳踏車搬上服務處的胖卡餐車後車箱，開車載她回去，回程也要請她吃東西。對於以金錢和選票為首要目的的大多數政治人物來說，這樣的「服務」其實是相當少見的。

送完阿婆後，我開著車趕回服務處，處理堆積如山的公文，然而只要想到阿婆感謝的神情，就讓我好滿足、好踏實。這樣不計較付出的服務，很瘋狂、很熱血，但也才能真正感動人。**金錢、權力是一時的，朋友才是永遠的。**

俗諺31

「嫌貨才是買貨人。」

【字義】嫌貨才是買貨人。

【釋義】會挑貨物毛病的人才是有意要買貨的人。

在服務處經常遇到三不五時就來拜訪的民眾，有些人會在大小事上有自己的「意見」：

「委員要『骨力』一點啊，去找那個〇〇〇跟那個×××啊！」

「委員怎麼沒去廟裡的庭院露露臉、去關懷中心陪伴一下長者啊？」

這些民眾其實都出自於好意和關心，我們也會多少參酌他們的意見，不過多了還是難免會感到疲憊。

二〇一八年，老闆在第三次市議員選舉落敗，許多平時與我們有所來往的人因為老闆不在其位就認為她沒有利用價值，對她不理不睬，以前一通電話就約得到人，現在約了一週也約不到。服務處內部也走了很多同事，整間辦公室只剩下兩、三隻小貓，空蕩蕩的場景十分淒涼。謝票完後，老闆的心情難過又挫敗，也由於已經沒有任何身分，將近一週的時間不敢出去跑行程。

然而，那些經常提供「意見」的民眾仍然對老闆不離不棄。他們大老遠特意跑來服務處，只是為了說聲加油。由此看出人情冷暖、世態炎涼。我也頓時明白，他們平時的意見是為了讓服務處更好。因為這些支持者的「雪中送炭」，老闆和團隊才得以重新振作，在二〇二〇年年初的立法委員選舉中勝出。

後來和夥伴們開始經營自己的事業，更加珍惜不吝提出意見、指出問題的同事。他們願意分享自己的想法，證明了他們看重這個事業體，因為不在乎的人根本不會發表意見。

德國傳播學者伊莉莎白．諾艾爾—諾依曼（Elisabeth Noelle-Neumann）曾提出「沉默螺旋」（spiral of silence）理論，描述人在參與討論時，如果看到自己贊同的觀點得到普遍的支持，會更願意參與討論；相反的，如果發覺自己贊同的觀點少有人理會，便會選擇保持沉默。弱勢意見的沉默造成優勢意見的增勢，導致單一意見不斷壯大。如果沉默螺旋發生在一個事業體，變成領導者說了算，員工只得噤若寒蟬，如此寡頭政治終將帶來一意孤行的慘劇。

某天下午國小部的例行會議上，我鼓勵二十幾位與會老師勇於發表心裡真實的想法，隨時反映在工作環節或個人私下遇到的問題。有些時候，組長為了扛起某些責任，不便向老師說明應改善的地方；老師也怕組長被上頭罵，沒有向經營者詳述教學現場的狀況。

前陣子看到某個補教社團的老師ＰＯ文，有三個朋友想找他一起合夥，因此詢問大家的意見。超過九九％的留言都勸退他，說「合夥沒有好下場」。說真的，我們五個夥伴創業至今從未因為溝通產生紛爭，或許是因為大家都是十幾二十年的好同學，或是學長姐、學弟妹、要好的朋友所組成，彼此默契夠、互信基礎深，處理事情都採取對事不對人的準則。換言之，當我們在溝通上沒有問題，其他同事就能大膽表達內心的想法，因為這是一個讓大家有勇氣說真話的環境與氛圍。**領導者說真話很重要，讓同事都敢說真話更重要**。

回到教學現場，補習班的服務對象是每位家長和學生。有些家長對於補習費折扣有額外要求，有時會讓學費低於行情，甚至侵蝕成本；有些家長則會拜託老師在凌晨六點到距離遙遠的地方接學生至補習班。還有一次，一位學生在學校臨時身體不適，需要請假回家，但家長因為工作繁忙，分身乏術，於是在群組請求老師接送學生。

以上情況對於所有同業而言都不在原先的服務範疇。接到這種「吃力不討好」的業務，許多人直覺認為這些家長是奧客，畢竟額外消耗的汽油、人力、資源都是開銷。不過，我們體認這些家長在乎自己的孩子，經常一手攬下他們提出的各種需求。因為我們想做的是「極致服務」——不只提供商品的買賣，更將每位顧客視為貴客，如同朋友一樣回應他們的需要，這也使得我們與同業打出差異化。每次來到招生季，這些先前受我們協助的家長都紛紛在社群媒體、親朋好友圈，熱情地為我們介紹學生，讓我們每年的學生人數不斷成長。如此善循環的建立，正是我樂見的。

畢竟「嫌貨才是買貨人」，無論是主動提出要求的消費者，還是積極表達意見的同事，把握住這些看似「找麻煩」的人，其實會帶來許多意想不到的收穫。修練的過程，會很累；但轉個念，會增進智慧，對方何嘗又不是你的貴人呢？

俗諺32

「食虧就是占便宜。」

【字義】吃虧就是占便宜。

【釋義】不要計較一時之失。

在瞬息萬變的消費市場，若採取競爭姿態，四處與同業周旋、殺得不可開交，也許可以贏得一時的勝利，但長遠來看，由於積累了太多的不信任、愛好競爭的評價，這樣的策略無法走得長久。

我始終秉持著「食虧就是占便宜」的態度對待每個人，包括同事、同業、消費者。如果你是經營者，不論事業或人事上都要經常做出「決策」。簡單來說，就是「願意吃點虧」，或是「堅持不吃虧」。這裡提到的吃點虧，不是指產品定價低於市場行情，或是以削價競爭來迎合消費者，而是當消費者提出某些「要求」時，是否願意做到面面俱到的態度。

我舉簡單的例子，菜市場攤販生意好通常有兩項表徵：「嘴巴很甜」或「買菜送蔥、蒜頭」。蔥、蒜頭需要成本，你可以把消費者視為「貪小便宜」而拒之門外，也可以視為一種「投資」。

菜市場裡少說有數十家的攤販，如果今天消費者「主動」提出「我買這麼多，可不可以送個什麼？」時，你會怎麼做呢？假使你有送，十個人裡不一定全部的人都會幫忙宣傳，但至少這十個人不會傳遞負面口碑，其中必定有幫忙宣傳的人，並且回購率是高的。假使你沒送，十個人裡一定會有人不開心，他們或許不會全都傳遞負面口碑，但即使是十分之一，光是他一個人散播的負評，業主就得付出更大的成本，多過於那根蔥，而且也可能從此失去那位消費者。

「為什麼他要跟我們提折扣？」

「為什麼平常都沒事，今天反而會這樣要求？」

我覺得選擇出來做生意，就要做到面面俱到。生意的本質就是人性，就是消費者心理學。在商場上，**做人做事太有稜有角，一定會傷到人，最後也會傷到自己，得不償失**。累積好名聲（品牌形象），累積願意幫忙宣傳的人（正面口碑），絕對是一條對的路。

計較一時，會計較掉一輩子

除了經營事業以外，「食虧就是占便宜」的道理其實在自我成長和人脈經營上也相當受用。

很多人都希望生命當中有貴人相助，但你有沒有想過，為什麼貴人不幫你，卻幫別人呢？為什麼貴人跟別人合作，而不是跟你呢？會不會是因為你的某些「行為」讓貴人遠離你呢？我的人生階段遇到不少願意牽成我的貴人，我也常常思考為什麼他們選擇幫助我。我不敢說自己表現得多好，但我敢說我對於身邊的人一向秉持著「人性本善」與「先禮後兵」，願意努力付出、樂於分享資源，或許是因為這樣，貴人不排斥協助我，才有了現階段的我。

經驗告訴我，一**時的計較，會失去更大的機會**。出社會前，你計較，別人或許不在意，因為身分單純，或者沒有利益衝突；出社會後，你在不該計較的地方堅持，只是計較掉自己的人生，到頭來，你會發現朋友愈來愈少，事實上，**根本沒有人在乎你的計較**。合理的權益當然要爭取，但除此之外可以客觀思考：

得一位人和，對方不一定會幫你，但就少了一個潛在敵人。沒有人和，就算天時地利也無法贏。

競爭的社會講求實力原則、適者生存，你至少要擁有一、兩項實力，才有與他人對弈的本事。但我看過許多各領域的成功人士有著相當大的實力能與他人「計較」，但他們都不約而同選擇了「捨得付出、分享資源」。

世界上比我們厲害的人太多了，努力把自己縮小、歸零，與人為善、不斷付出，才能得到更多人和與善緣。**人脈很重要，但首要之務是如何讓自己成為被分享、被信任的那個人。成功不是偶然，除了對事業的專業和永無止境的堅持，更多的其實是捨得利他的智慧。**

俗諺33

「袂曉駛船嫌溪狹。」

【字義】不會駕駛船隻卻嫌河面狹小。

【釋義】不自我反省，只會怪天怪地。

如果將對於一件事情的看法，以二分法簡單分為「正面vs.負面」或「樂觀vs.悲觀」，我多麼希望社會上可以多一點正面能量和樂觀言論。

回想起第一份工作，我做過司機、文書處理、電腦建檔、民眾拜訪，天天和老闆拚到半夜，這一做，就是八年。我願意做，我很耐操，我甘之如飴。這是一個願打，一個願挨的道理。我心裡只想著，一樣都是員工，創造自己被利用的價值，就有機會被看到。

或許你會覺得我奴性很重，但我想說的是起心動念。我有強烈的學習慾望，想積極過好每一天，想完成自己的夢想，想給予家人更好的生活。高強度的操練也好，安逸舒適的生活也好，都是一種選擇。

開始在補習班教書後，我經常在課堂上拿自己的經歷當作例子，向臺下學生們分享我是如何「一路被酸」。

大一時我立志要考到系上第一名，卻被說「你考不上」，考到之後又被說「你們學校不好，系上第一不算什麼」。大二時我正在準備大三、大四學長姐才會考的領隊導遊證照，卻被說「你考不過啦」，考過之後又被說「這個證照不算什麼」。大三時我開始準備研究所考試，大四每天讀書超過十個小時，卻被說「每天這樣讀，也不知道有沒有吸收進去」。一直到在嘉大行銷所半工半讀，這些冷嘲熱諷仍然不斷在我的耳邊播放。

籌備創業時，每天下班後和夥伴們開會，經常討論到深夜，有些人說：「真不知道你們都在搞什麼，搞到那麼晚！」創業第一年，我們開設第一間直營店，許多人說：「補習班已經這麼多了，你們開補習班不知道能撐多久，絕對會失敗！」創業第二年，我們開了第二間直營店，不少人繼續說：「少子化這麼嚴重，補習班市場就這樣，怎麼還敢開第二間？」直到第三年開了第三間直營店、第四年第四間……還是聽到一樣的話。

十幾年過去了，曾經嘲諷我的人如今依舊酸言酸語；而我一天比一天努力，一年比一年過得充實，一步一步往夢想前進。走過這樣的經歷，我深知被看不起、被否定的感受很不好。面對每位補習班的學生，無論成績好壞，我一律鼓勵、打氣。多散播正面能量，才能讓我們的下一代有信心。

「袂曉駛船嫌溪狹」，你可以抱怨大環境不好，抱怨政府對年輕人不公平，抱怨錢都被老一輩賺走，抱怨資源都被上一代把持，抱怨自己生錯時代……這是一種選擇。我也有失落的時候，但是明天過後，我還是繼續振作，而不是停留在抱怨，這也是一種選擇。那些打壓我的，必使我更強大，感謝刺激！

俗諺34

「年頭飼雞栽，年尾做月內。」

【字義】年初飼養雛雞，年終宰來坐月子。

【釋義】深謀遠慮，有備無患。

事業剛起步時，我和夥伴們拿出好不容易存下的資金，準備文宣品、設備。那時還沒有任何收入，對每一筆支出都錙銖必較，期待所有投下的成本能得到回報。

我們的第一間直營店位於臺南市溪北地區人數最多的興國高中附近。我和夥伴們採取的策略是穿著筆挺的西裝，向放學路過的學弟妹發傳單，順道分享我們回鄉創業的故事，並邀請他們來試聽。那時天氣炎熱，每次發完傳單都汗流浹背，我們還是堅持每天穿戴整齊，親自將每一張傳單遞給每一位同學。雖然也可以請工讀生來做，但興國高中是我的母校，我選擇以兢兢業業的態度接觸每一位學弟妹，也可能是未來的顧客。

意外總是來得相當突然。有一天，我們剛發完傳單，正在補習班門口討論事情，三個穿著興國制服的學弟走上前來。其中兩人問我們還有沒有傳單，想拿「一疊」幫忙發；另一人拖著一包大型黑色垃圾袋，緩緩走到對街，他走得很慢，好像刻意想被我們看見似的。

眼尖的我馬上發現，那包垃圾袋整袋裝著的是我們的傳單！我攔下他，好聲好氣地問道：「學弟，你在做什麼？你要把我們的傳單拿去哪裡？」大庭廣眾下他居然惱羞成怒，解開鈕釦，作勢要揍我，好在被旁邊的同學攔下，但我從他的眼神中看出他真的打算在眾目睽睽下用拳頭招呼我。

「學弟，我們三個也是興國畢業的，回到家鄉開補習班，每張傳單都是我們這幾年辛苦存下來的血汗錢，你如果對學長們的補習班有興趣，我們願意彎下腰來把傳

單遞給你，但你為什麼要把我們的傳單拿去丟呢？這樣對我們也太殘酷了吧……」

當時我還在服務處擔任主任，不希望把事情鬧大，採取動之以情的方式。折騰了好一會兒，加上身旁同學勸說，我把傳單全數帶回，也記下這個學弟的臉，特別留意他的動向。我相信人性本善，對方與我們無冤無仇，絕不會沒來由地針鋒相對，其中必有隱情。也許是同業指使，也可能是一些老師以話術教唆，催化出學生對我們反感的情緒，最後鬧事。

幾天後，我發現這個學弟走進一間補習班，令我意外的是，在我們開幕前有個同業三番兩次前來拜訪、獻殷勤，而他正是那間補習班的主任！先前我已經在政治圈看過太多這種「雙面刀鬼」的行為，所以不打算多計較，就讓這件事情過去。

就在幾週後的某一天，我穿著市議員服務團隊的背心在外跑活動，那個主任看到便立刻來向我道歉。自從發生「被學生作勢毆打事件」後，他對我們完全不聞不問，不過短短幾天卻有如此大的反差，其心態可謂人盡皆知。當下我禮貌地遞上服務處的名片給他，並且說道：

「經營補習班可能會有教育局、消防局、工務局的例行檢查，如果有需要幫忙的地方可以聯絡我。」

此後他再也沒來找我麻煩了。我輾轉從他們的工讀生口中得知，那天他發現原來我有政治「勢力」，態度才會一百八十度大轉變。

我出生在政治家庭，爺爺做過五屆縣議員，我們家族都嘗遍了人情冷暖。對於政治，不僅父執輩強烈反對，我自己也曾一度排斥。但我也明白，這個社會是不公平的，只要擁有一定的權力，就可以保護自己，保護周遭的人。「年頭飼雞栽，年尾做月內」，大學畢業後，我立下「不是從政，就是創業」的決定。

我依舊深信人性本善，也秉持著與人為善，然而人在江湖闖蕩、出來做生意，隨時都可能面臨突如其來的流言蜚語、惡意誹謗、作勢攻擊，隨時都可能被擊倒，想要明哲保身，在每個環節生存下來，必須懂得提前布局，累積人脈與資源，而踏入政治圈就是最好的操練。沒有任何一個領域比得上政治，服務廣大群眾之餘，還能與眾人培養出無數建立連結的契機。

人人都說，權力使人腐化，但對我來說，權力是用來防備的，好在危難的時刻，提供我足夠的力量保護自己和身邊重要的人事物。

俗諺35 「人情留一線，日後好相看。」

【字義】人情留一線，日後好相見。

【釋義】好來好去，凡事留餘地。

前陣子，一位餐飲業的老闆朋友私訊我，提到屢次被人惡意檢舉。朋友的店剛成立沒多久，生意非常興隆，設備與標準也達到政府的規定，所以推測可能是同業所為。

對同業攻訐、造謠，相信這些手法大家都時有所聞。說真的，假設你把競爭對手打倒，對方的市占率會全部轉移到你那邊嗎？答案是絕對不會。不會的話，幹麼做呢？或許是沒有搞清楚產品定位，單純以為都在賣吃的，會被新開的店家搶到生意，但這樣的思維太簡略了，除了產品定位以外，還有許多複雜因素。無論如何，想要生意好，最基本也最核心的關鍵在於產品是否具有競爭力。產品沒有競爭力的話，根本不用去思考競爭者的問題。

幾年前的某一天，我接到某間補習班老闆的電話，對方的產品項目與我們高度重疊，我也只見過他一、兩次。電話中，那位老闆的第一句話就是：「周博，如果你有空，可以把補習班的傳單拿給我，我來幫你們宣傳。」我當下一頭霧水，心想這樣不太好意思，就將這件事擱著。過沒多久，我又接到這位老闆的電話：

「周博，我們只營業到這週而已，你趕快把傳單拿過來，我把這邊的學生轉介給你們。」

當天晚上我拿著傳單去拜訪，老闆夫婦向我一一確認每間直營店的上課時間等細節，看得出來非常用心。老實說，我和這位老闆幾乎完全不認識，他表示是從其他家長那邊聽到關於我們的評價，加上自己默默觀察了一段時間，認同我們的教學理念。我聽了好感動，想支付介紹費以表達感謝，老闆卻連忙拒絕。**他只有一個要求，就是好好照顧「他的」孩子**。隔天下午，我也陸陸續續接到對方學生家長的電話。

同行不是冤家，異業可以為師

我們的第二間直營店開設之前，隔壁已經有一間生意不錯的補習班。由於區位考量，我們仍然決定在此開設直營店。雖然以市場機制來看，生意好壞各憑本事，但我們的進駐或多或少還是影響到他們的生意。有一次，一位家長前來諮詢數學課程，對談中我順勢問英文是否需要一併試聽，對方表示已經在隔壁補習。我直接對家長說：「那邊的老師很用心，如果補得不錯，在那裡繼續補習就好。」一般來說，

「不努力」洗學生過來自己的補習班是件不合常理的事情，不過我們毫不後悔。

之後，第三間直營店也成立在一間補習班旁邊。這間生意很好的補習班也稍微受到影響，但我們的態度友善，彼此一直維持著友好關係。某天，一位家長透過網路詢問補習資訊，而他問的課程是我們沒有開設的。通常，業者遇到這種問題，會將既有產品合理化成符合消費者需求的內容，或將消費者的焦點轉移至其他商品。但我當下直接對家長說：「隔壁補習班有符合您需求的服務，他們做得很用心！」

還有一次，徐重仁總裁的前祕書介紹我認識一位剛離開補教業的朋友。聊上幾句後，原來他曾是某家大型補習班老闆，而且就位在我們的第一間直營店附近。過了幾天，他主動詢問我們是否有意收購，由於多重考量，我們婉拒了他的邀請。這位僅數面之緣的退休前輩十分信任我們，無償轉介了許多學生，並親自電話聯繫，確保他們都會來上課。

上面提到的三個例子，不太可能在其他行業中看到，畢竟同業之間維持著競爭關係。然而一旦經營者願意將「人情留一線，日後好相看」以利他共好的精神體現在待人接物上，其實能獲得比競爭更大的成功。反過來說，我和夥伴們所打造的卓越這個品牌，如果也用狹隘的心，以計較、暗箭傷人等手段對待同業，以上經歷都不會發生。

我們大可以將市場當作競技場，用刀劍將同業砍得你死我活，使盡全力只為了分出勝負；我們也可以把腰彎低，以友善的態度對待同業，將同業化為同伴，一起為消費者提供更精緻且全面的服務，迎接更大規模的成功。

俗諺36

「人的心攏是肉做。」

【字義】人心都是肉做的。

【釋義】惻隱之心。

前陣子遇到一位母親家長來繳補習費時，悄悄走到我們身旁，低著頭、用孱弱的聲音說道：

「可不可以晚一點繳……」

從事補教業多年，接觸了數千位來自不同背景的家長和學生，有好幾個畫面令我至今仍然歷歷在目、難以忘懷。

有一次，一對姊妹前來補習班，分別試聽夥伴的數學課和我的英文課，反應十分熱烈，跟我們有說有笑，後來卻沒有來上課。過了一陣子，我打電話到對方家裡，是姊姊接的。

「妳上次試聽得怎麼樣？要不要這週再來試聽一次？」

姊姊只簡短說了「不用了」「沒關係」幾句話，與先前的反差極大。後來，這對姊妹的家長親自到補習班找我，他面有難色，似乎有著難言之隱，還是緩緩吐出第一句話：

「周老師……不好意思，補習費對我們來說，負擔很大……」

那個畫面張力之大，我被震懾住了！聽著家長說出示弱的話語，令人鼻酸。我二話不說先把英文課價格調成半價，接著再跟教數學的夥伴商量，他也同意我的做法，一起協助這個家庭減輕經濟負擔。

還有一次，我接到一位學生的阿嬤來電，向我傾訴正值青春期的孫女在課業和態度上的轉變，令她十分憂心。電話的另一端聽得到啜泣聲，但她又必須強忍著淚水，因為七十多歲的阿嬤日前眼睛開刀，醫生說已經不允許她再「以淚傷害」了，否則會有失明的危險。這位阿嬤拖著身體病痛，還得兼差賺取孫女的生活開銷和補習費用，實在令人不捨。

我跟阿嬤說，孫女正值青春期的轉變過程，在常態編班下，班上一定有愛玩的孩子，愛玩不是壞事，只是身處其中難免會受到影響。青春期只是一個過程，但人生是長遠的，老師們都會多加關照孫女，所以請阿嬤一定要保重自己的身體。

又有一次，一位高中部的女學生由於家境不好，每天下課後得去夜市雞排店打工補貼家用，補習費對於這個家庭而言是個沉重的負擔。後來家長打算終止補習課程，我堅持不收費，繼續服務她的孩子。

前陣子，我收到這位家長請同事轉交給我一個信封袋，一打開是一張手稿和三百塊：

周老師

真的很抱歉，因為家庭因素，我的能力有限……

這些錢希望能多少補貼一下，很不好意思，很謝謝您……

○○媽媽

每一個家庭都有一個令人鼻酸的故事——在孩子面前，父母會裝作若無其事，只希望孩子好好念書；其實在背後，父母是咬緊牙根在撐著。我認為經營者也要有著悲天憫人的心，雖然無力改變這個社會結構，在能做到的事情上我很樂意做。我也經常跟同事分享，我們就多用點心，為家長和孩子多做一些、多體諒一些。經營補教事業是我和夥伴們從小的心願之一，不論在這條路上會走多久，我們都以「不求成為最會教書的明星老師，而是要成為最關心孩子的銘心老師」來自我期許，如同徐重仁總裁說的：「用心，就有用力的地方。」

最後，我想分享一個最近發生的小插曲。我經常在各間直營店走動，觀察到一位國一生放學後和補習班同學去買晚餐時，同學大多買便當，他卻經常吃泡麵。有一次我忍不住問他原因，他解釋「因為飯錢不夠」。媽媽每週給他四百元，他一天必須吃早餐和晚餐，五個平日共十餐，平均一餐四十元。早餐或許還勉強可以，但晚餐其實很困難，所以他得吃泡麵。

「飯錢不夠」這句話，聽了心很痛。那天我帶他去隔壁店家買便當吃，也對他說：「如果你花在正餐上的錢不夠用，晚餐只能買泡麵的話，就跟老師說，我再買便當給你吃。」（所以他當晚的泡麵就變成我吃掉了……）令人感動的是，便當店阿姨知道他的狀況後也說：

「弟弟，如果你有經濟困難的話，可以來找阿姨。」

我們觀察到多少、能做多少，就盡力做！正向的善循環就是從自己出發，建立一個以善相待的環境，讓自己、同事、消費者，以及周遭的人們都更好。順便一提的是，前面提到那對來試聽的姊妹家長後來成為我們的鐵粉，積極幫忙推廣，介紹多位學生給我們。善循環就是這樣，總在意想不到的地方不斷開花。

俗諺37

「人的喙，掩袂密。」

【字義】人的嘴，遮掩不住。

【釋義】好事不出門，壞事傳千里。

某天一位好友A私訊我，提到最近在職場遇到的問題。A和同事B分享各自部門所發生的問題和自己的感受，也約定好不外傳，結果B跑去跟B的主管說，B主管再跑去跟A的主管說，最後A主管跑來跟A說。

「欸欸欸，我跟你說個祕密喔，但你不要把這件事說出去……」

看到這裡，覺得心有戚戚焉嗎？這讓我想起「超級比一比」這個遊戲，是二十多年前由庾澄慶、張小燕主持的綜藝節目《超級星期天》的固定單元，針對一個題目，藝人們必須用肢體動作比出線索，依序傳給每位參賽者，並由最後一位猜答案。一個五、六人玩的遊戲，會因為動作、姿勢的誤差而產生截然不同的結果，更何況是傳話這件事。

當一個事實從你傳給我、我傳給旁人後，往往會失去原意。即使傳話者並無惡意，但事實經常就在過程中朝反方向而去，或招來負面解讀，成為子虛烏有的謠言。話傳話，最後總變得不是話了。

這種情況在政治圈尤其明顯，一有風吹草動就會被扣帽子。我遇過一件最離譜的事情是，有段時間，身旁的人紛紛謠傳我要離開老闆，自己參選。可以理解我擔任的是政治人物的助理，外頭的人會直覺認為我未來要站上第一線，對於我的一言一行有所臆測或聯想。

在某次茶餘飯後的聊天，我講起爺爺先前的政治經歷，讓我對為民服務的工作抱有熱忱。沒想到這段話在當時人多嘴雜的情況下，傳出去竟變成「周博要自己出來選市議員」。一開始我不以為意，當時我在老闆麾下服務，從早到晚忙著工作，根本不可能自己出來參選。又過了一段時間，竟然傳出我穿自己的競選背心在外跑攤的消息，甚至有人說：「周博開補習班是為了賺夠錢後自己出來選舉！」

這樣的謠言在政治圈是致命的一擊，任何一個幕僚在未經同意的情況下自己出來參選，是窩裡反、忘恩負義的行為。幸好，一路跟在老闆身邊共同打拚多年，造就深厚的革命情感，老闆對我的信任有如自己的家人，對於這些傳言，她什麼都沒說，讓我相當感激。

有過被謠言纏身的經驗，我維持一個習慣：跟我不相關的事，絕不過嘴。後來我全心轉向自己的事業，沒有留在政治圈，但仍然與服務處保持良好關係。即使我與老闆有好交情，當我詢問隨行祕書老闆的行程，只要祕書說是私人行程，我一概不過問。我的想法是，不需要知道的事情，就不必去了解；去了解和自己不相關的事情，就是在聽八卦，無助於事情的推展，更會將自己置於亂傳話的危險中。

面試新進的老師時，我和夥伴們一定會明講一件事：

「這裡從幼兒園部門到高中部門，七間分校、三十幾位同事，我們每個人都是一個團體、一個派系，叫作『卓越』。無論你有任何從同業傳來的消息或八卦，我們都不想知道。」

在這裡，首先要做的就是解決消費者的問題，如何把事情做對、做得有效率、迅速回應消費者，遠比分群分派、講同事八卦來得重要。講是非、道長短對於解決問題沒有幫助，每個人解讀事情的角度不同，不僅會經過不實的渲染，甚至會造成許多不必要的誤會，因此建立不過嘴的組織文化極其必要。

確立不傳話的原則後，每週開會我們都會向同事分享兩項解決問題的原則：

「處理問題要『對事不對人』，重點是問題要順利解決；各位遇到問題時，可以

直接向直屬主管或老闆反映。」

在職場上遇到問題，一般人通常會先找同事「討論」。當然對方能幫忙解決是再好不過，假設問題沒解決，容易演變成說三道四的工作環境，組織內部也充滿著主觀情緒和對事不對人的做事方式。為了杜絕內部流言蜚語、成群結黨，我和夥伴們鼓勵同事一遇到問題就來找我們，共同面對問題、解決問題。

這就是充分體認「人的喙，掩袂密」的道理後，在經營事業、管理組織上，我們建立的三大原則。不閃避問題，團結一致來面對、分析、解決，就是卓越這個品牌的組織文化。

俗諺38 「一面抹壁雙面光。」

【字義】泥作師傅塗抹水泥，不僅牆面抹得平滑，鏝刀也一樣光亮。

【釋義】做人圓融，兩方都不得罪。

政治圈是服務業中的服務業，民眾對於政治人物抱有很多期待，往往將事情放大檢視，有時甚至出現違背常理的要求。如果一間高級餐廳沒有滿足顧客的部分要求，除了稍有怨言或在網路上寫負評，大部分的人並不會做到激烈反抗的程度。但在政治領域，只要政治人物稍出差錯，常引起相當激烈的反彈。或許一時匆忙，與民眾擦身而過時忘記打招呼，可能就此被認定「不可一世」或「很囂張」。

電視上也會看到政治人物互告誹謗，即使到頭來可能無中生有，但經過媒體渲染，在民眾心裡建立起負面想法。這就是經典的「從眾效應」，即使是一朵芬芳的玫瑰，只要三、四個人連續說它臭，其他人可能也跟著如此認定。社會上的從眾效應發生在十分講求與人互動的政治圈中，更多的情況是造謠、抹黑、中傷。想要在政治圈自保，並建立好名聲，得練就面面俱到的本領，抵禦流言蜚語的攻擊。

雖說補教業遠不及政治圈的「黑暗」，不過還是得圓滑地面對每個人。舉例來說，學生若出現不適切的行為舉止，影響到課堂秩序與其他學生的權益時，老師們會出面制止，給予口頭責備或實際懲罰。我也觀察到有些學生即使自知理虧，回到家會選擇說謊、模糊視聽、抱怨老師的不是，讓自己免受父母責罵。而家長通常就帶著學生離開補習班，這對認真管理課務的老師來說，信心肯定遭受打擊。

為了做到面面俱到，讓家長、學生、同事都能滿意，我採取的方法是，每位家長各有一個專屬群組，所有直接、間接的老師都在群組內；我會請每位老師在上班時間盡可能即時回報學生的狀況，表達對孩子的用心：

「○○媽媽，我們不是不信任您的孩子，正是因為您購買了我們的教學服務，我們有必要給予孩子適切的導正。」

我也常鼓勵老師們踴躍向家長分享自己的課堂教學、額外的課後輔導等服務，否則一般來說，家長多半會以孩子的成績來評斷老師的付出。

一位非常認真的高中部老師曾經沮喪地跟我分享一件事。高中部的課程下課時間是晚上九點半，這位老師會針對需要額外加強的學生們，天天免費指導到晚上十一、二點。長時間超時工作，對於任何人來說都是不堪負荷，我們好幾次勸他不要這麼拚，他還是默默付出。然而，就在某個同學的某次段考成績退步，家長便直接將學生轉去其他補習班，對這位老師的打擊相當大，每天的付出就這樣化作泡影。

「一面抹壁雙面光」，身為補教業的經營者，必須竭力避免消費者（家長）因為和服務端（教學）的資訊不對等所造成的誤會，才有助於將服務愈做愈好，這也屬面面俱到的一環。

俗諺39

「生言造語，借刀殺人。」

【字義】無端造謠，借刀殺人。

【釋義】輿論的可怕。

二〇一七年年初，徐重仁總裁遭遇一個嚴苛的挑戰。

徐總裁在新書發表會上回應年輕人普遍「工時長、薪水低」的議題，講述自己剛出社會時領著九千塊的月薪，凡事親力親為，還要付房貸和生活開銷，以此為起頭，分享：「這些都是暫時的，老闆看到你很認真就會幫你加薪。」並且表達：「現在的年輕人很會花錢，你到國際機場看，很多年輕人出國，很少看到老一輩的人。」總裁建議年輕人要好好存錢，而不是只想著出國花錢，每個人當然都想花更多的錢，如果現在沒有這些錢，應該多存一點、少花一點，投資在未來。

此言一出，馬上在網路社群引起軒然大波，許多年輕人紛紛認為他是個不食人間煙火的慣老闆，拿三十多年前的標準衡量就算了，還提出「多存一點、少花一點」如此不切實際的荒謬目標要年輕人遵守。平時對生活已經累積許多不滿的人紛紛利用網路的匿名性、便利性，藉機表達不滿，不僅當時總裁任職的全聯臉書粉專被仇恨、辱罵的言論灌爆，就連總裁的個人臉書也被眾多網友、鍵盤客出征，風波愈演愈烈，使他選擇辭退總裁一職。

其實，略經思考，人人都可以理解徐總裁分享這些論點的背後原因，純粹是想以個人經驗來勉勵年輕人，然而當時的輿論風向早已扭曲事實。回想起當年與總裁第一次碰面、第一次交談之前，我與他非親非故，既沒有顯赫的背景，也不曾在總裁的任一間公司或相關企業工作過，他卻願意給我這個剛畢業的年輕人機會，成為重仁塾讀書會南部召集人，帶我結識各路英雄豪傑。

時任全聯總裁的他南北奔波，為我們幾個年輕創業家無償演講；主動邀請我這個沒沒無聞的小夥子去他的辦公室數次，花了好幾個小時跟我聊天，為我解決創業上的困擾，還很客氣地準備了一條領帶和幾本書要送我。時至今日，從粉絲到現在成為好友，我依舊覺得自己何德何能，簡直就跟作夢一樣。就各方面而言，他絕不是什麼不願體恤年輕人的慣老闆，而是一位完全沒有架子、積極提拔後進的大前輩。

我馬上在臉書寫了一篇文章，分享我所近距離觀察到的徐總裁，得到三千多個讚、三百多則留言、四百多次分享的迴響。在當時輿論一面倒之下，這篇文章絲毫無法力挽狂瀾，但表達了我對總裁的由衷感謝。無論身處什麼樣的情景，即使當時飽受種種不明就裡的針鋒相對、批評謾罵，他仍然持續為我們這幾個年輕人無償分享、付出，往利他共好的路途前進。這就是徐重仁總裁的氣度，也是世界級企業領袖的格局！

老實說，我在政治圈工作時看過太多為了謀求私利而造口業的政客，其下場都很慘，「傾家蕩產者」「人格毀滅者」一堆。補習班同事也曾多次受到同業在課堂上的攻擊。對方或許以為攻擊異己就能增加來客數，但也太低估消費者的智慧了。**無**

論你說的話是杜撰，還是有所本，一旦在公開場合大肆批評，滿嘴口業，底下的人其實都在打量你。最後，受傷的不是被批評的人，而是造業者本人。專注於做事情的人是沒有時間聊八卦、隨之起舞的。

有過政治圈的經歷，徐總裁提出的「走一條利他共好的路」與「同業不是競爭者」等理念令我效法，也努力將其發揚光大。經營事業的這幾年來，無論是面對工作夥伴、競爭同業，還是消費者，我都秉持這些理念。我也深信，這樣的理念會持續在人生各階段中，成為我走過高山低谷的動力，引導我朝向目標前進。

俗諺40

「食果子拜樹頭；食米飯拜田頭。」

【字義】吃水果拜樹頭；吃米飯拜田頭。

【釋義】飲水思源。

二〇二〇年十一月，受到母校南新國中校長與主任的邀約，我和三位夥伴鄭瀚、胡宇、邱博，同時也是三年一班的同班死黨，一同出席升旗典禮儀式，並上臺頒發感謝狀，和學弟妹們說說話，分享求學、創業的心路歷程。

二〇一三年卓越開幕當天，我和夥伴們捐出第一個月的助學基金，作為弱勢學弟妹的營養午餐之用。很多人會問我們做這件事的起心動念，其實要追溯到國中時期。每到午休時間，同學們趴在桌上午睡，只有我四處張望，看到班上總是固定有

一、兩個座位上沒有人。

起初我搞不清楚是怎麼回事，後來才知道這幾位學生因為家庭困頓，無法和班上同學們一起訂便當，導師陳清南帶著他們到福利社，自掏腰包請他們吃飯，三年如一日。導師也十分體恤孩子們的心情，為了顧及他們的面子，選擇在班上同學午睡時間帶他們去吃飯。這件事的衝擊讓我一直記在心裡。

當時，我們被編在全校成績最好的男生班，但胡鬧程度可說是歷年之最，而我又是帶頭作亂的那一個，讓許多老師很頭大。還記得我國小的時候，某天班上的一筆錢不見了，那筆錢將近三萬元，不是小數目。班導直接把我抓去走廊審問，他不相信我的清白，還甩了我一巴掌。那是我第一次體悟到，一個行為偏差的人是不值得信任的。

升上國中，我的「問題行為」變本加厲，帶著同學拿石頭丟閒置校舍的玻璃，比賽誰丟破的多；班上有個同學想捉弄我，故意把午餐的湯放在我的椅子上，我一坐下去，周遭同學哄堂大笑，我立刻拿著那碗湯往那同學的頭上倒下去，並大罵三字經。儘管如此，南新的老師們並沒有放棄像我這樣頑劣的孩子，對我們這幾個臭男生不厭其煩地開導與鼓勵。

「只要不學壞，找到自己的興趣，人生永遠都不嫌晚。」

在課堂上，陳清南導師經常對我們說這句話。從導師身上學到的不只是課本上的知識，更多的是人生的態度，這比考高分、讀好學校更重要。過去的我因為行為躁動、心性不定而被貼上許多標籤，導師仍然告訴我，人是可以改變的；更用身教言教讓我們知道，施比受更有福，有能力一定要回饋。

我和鄭瀚、胡宇、邱博四人並非成績優異、求學順遂，南新的老師們讓我們有了深刻的體悟：**遇到一位好老師，足以改變人的一生**。這也促使我們在國中時期許下一個心願：如果未來行有餘力，一起回故鄉新營開補習班，也要效法導師幫助弱勢學生。因此從創業的第一個月起，不論盈虧，每個月定期捐出一點小錢給南新校務，用來協助家境困苦的學弟妹就學與用餐，至今邁入一百多個月。雖然不是什麼大數目，但持續的力量最強大，心裡很踏實。

陳清南導師在前幾年過世了，我們會把導師的精神傳承下去。**經營補習班對我們來說，投入多少時間和回收多少金錢不是最重要的事，而是將導師當年對我們的不離不棄，體現在這些孩子身上**。為了開導叛逆期的國中生，我們會和學生、家長徹夜長談；免費課輔到深夜更是常有的事；多少個夜晚我們開會到半夜，只為了解決學生課業內外的需求。

「食果子拜樹頭；食米飯拜田頭」，三年為師，終生感恩。我們以南新畢業為榮。取之於南新，回饋於南新。

五

番外篇

站在巨人的肩膀上

把自己做小，路才會寬廣

（依姓名筆畫順序）

俗諺41

「好酒沉甕底。」

【字義】沉在甕底的酒最香醇。

【釋義】愈來愈好，漸入佳境。

吳翊榛是一位務實造夢的女企業家，除了在深具規模的卡多良食故事館擔任執行長外，也是新營青商會長、後壁商圈理事長，為了推廣地方事務不遺餘力，更是女力的最佳展現。

翊榛家早期是做餐飲門市起家，經濟狀況不錯，父母鼓勵她從小培養才藝，朝著自己感興趣的運動和美術領域發展。後來母親將公司轉型為便當工廠，卻因工廠的人事、設備等開銷過大，入不敷出，產生經營問題；再加上當時將經營觸角向外延伸而產生嚴重的虧損，差點就壓垮整個家族。

某天，翊榛接到母親的電話：「我們沒有錢讓妳去臺北了，妳能不能回家幫忙？」得知家中發生財務危機，翊榛故作堅強，立刻放棄臺北的教職工作機會回到臺南的家裡幫忙。她忘不了某次敬師會上，大家點蠟燭談心，她卻抱頭痛哭，心想：「為什麼我們家會跌入谷底？為什麼人生會這麼悲慘？」

回家接班後，翊榛平日白天在離家就近的學校實習、晚上兼任畫畫家教，六日則在公司寫招標企畫書。當時除了家業岌岌可危之外，父親還因心肌梗塞而住院。這個轉折使得母親立下一個決定：將自家便當改為主打健康訴求，不添加任何人工調味劑。雖然立意良善，但這樣的清淡口味卻令一般消費者難以接受，每日便當出貨量從六千驟減至兩千，腰斬快三分之二。

當時某間大學餐飲系正在徵求建教合作，翊榛親自邀請系上老師到公司經營的店家用餐，並詢問學生能否到公司實習，得到的回覆卻是：「我們學生都是去五星級飯店，你們那是五流產業。」這件事對翊榛的打擊很大，也使她從小女孩蛻變為女人。她開始發憤圖強，把一天當兩天用。早上修營養師課程，下午趕回公司，一路忙到晚上九點多，接著小睡一會兒，半夜兩點起床到南科煮團膳。她同時帶領家中同事，兩年內寫了無數的企畫案向政府單位招標，也進駐南科的許多大型科技公司。

皇天不負苦心人，就在某年，臺灣爆出一系列食品安全問題，包含餿水油風暴等，卻也成為翊榛家公司的轉捩點。「好酒沉甕底」，母親對於健康訴求的堅持與翊榛對於家業理念的傳承終於獲得市場的青睞，每日便當出貨量從谷底爬升至一萬五千多，至此不再衰退。

俗諺42

「做牛著拖，做人著磨。」

【字義】做牛就要拖犁，做人就要磨練。

【釋義】忍受磨練，將來才有成就。

林庭安是我就讀臺大農經所的同學，現為紅羽土雞全臺市占率第一的大三元畜產公司總經理。認識他的人都知道，雖然他是人人稱羨的富二代，卻憑著甘願吃苦的態度和努力進修而來的專業，博得一代長輩們的認可，也為家族事業注入創新元素，讓傳統產業的養雞事業營業規模得以年年創下新高，可以說是一位相當爭氣的二代。

庭安在北部念大學，畢業後有著不錯的工作等著他，同學們也紛紛留在北部發展。然而他卻選擇跳脫「舒適圈」，放棄臺北的工作機會，回到家鄉雲林西螺，從基層員工開始幹起。這點和他的父親很像。他的父親原本在農會上班，離家不遠、薪水穩定，但創業家的DNA在其血液中流竄，於是勇於跳脫舒適圈，自行創業，也因此奠定今日紅羽土雞的事業帝國。

或許是因為身為家中長子，從小在父親手把手的教導下，促使庭安下了與其留在北部過著五光十色的生活，不如回到家鄉從零開始耕耘的決心。而這個決定，也使他宛如破繭而出，蛻變成全新的自己。

回到家鄉後，庭安為了與駐紮在養雞場第一線的阿伯阿嬸溝通，了解他們的需求與問題，他選擇每天五點起床，日復一日清潔雞屎和雞隻屍體、維護雞舍環境。之所以這麼做，是因為高中某段時期自己的心飄忽不定，父親帶他去養殖場幫忙，沿途時常告誡他以誠待人的重要性。回來接家業後，他認為要履行這個價值觀，即使必須忍受惡臭撲鼻，仍然甘之如飴。同時他也知道，這是父親走過的路。行走在這條修練的道路上，才能跨越時空的藩籬，與年輕時的父親對話，從基層工作中體會父親過去的辛勞，以及自己生長在這個家族的任務與使命。

後來，庭安在養雞場「蹲點」的事情傳開，阿伯阿嬸逐漸對這位「公子哥」卸下心防，紛紛敞開心胸教導他養殖的眉角，也接受他分享的新觀念，創造出良好的企業氛圍。他說，養殖是一門良心事業，要戰戰兢兢做好品質控管，提供社會大眾平價又高品質的雞肉。跟隨著父親走上腳踏實地的路，使他奠定經營事業的中心思想，了解企業社會責任（CSR）的重要性，而利他就是對於企業和合作夥伴而言最好的成長方式。

除了在事業上「戇戇拍拚」之外，庭安也是個好學的人，早出晚歸的工作生活並沒有成為他停止學習的藉口。他說自己準備碩士考試時，每天在養雞場和公司忙到晚上十點多，再利用下班時間自學苦讀，最後如願考取臺大，就讀與家族事業有關的農經所，並將學習到的嶄新養殖觀念與市場行銷概念帶回家族企業。

「做牛著拖，做人著磨」，我相信在庭安的帶領下，大三元企業市占率一定會不斷突破，成為業界的典範。

俗諺43 「一步棋，一步著。」

【字義】走一步棋，對了再走下一步。

【釋義】按部就班，深思熟慮。

前總統府與臺北市政府發言人、現任民進黨副祕書長的林鶴明，是一位政壇幕僚界的傳奇人物。年紀輕輕的他在政治圈經歷了三任老闆：謝長廷、柯文哲、蔡英文，擁有波瀾萬丈的歷練。

鶴明跟我侃侃而談生涯中的三位大老闆。大學時期，他加入由前行政院院長、現駐日大使的謝長廷所創立的新文化學生工作隊，並擔任第十屆隊長。退伍後，謝長廷指名他擔任隨行祕書，帶著他投入總統大選選戰，全國跑透透。在師父謝長廷的啟蒙與引領下培養政治圈的基本功。

柯文哲參選臺北市市長時，特地拜訪謝長廷，謝長廷同意將鶴明「借將」給柯P。柯市府一上線，新聞量可說是前所未有的多。某次與趙藤雄會面後，身為北市府發言人的鶴明要向媒體轉述會議結論，當晚幾乎所有SNG車都嚴陣以待，他憋氣撐著才把講稿唸完。

之後，鶴明受蔡英文總統之邀擔任總統府發言人。相較於市政的工作較為生活化，在總統府要面對的是兩岸國防外交，處理國際等級的事務。某場記者會上，媒體問到一個無關於記者會內容的題目：「針對北韓試射飛彈，總統府有什麼回應？」其他媒體跟著追問：「總統府的表態是什麼？有沒有予以『譴責』？」結果各大媒體都在跑這條新聞。這場記者會使他警覺到話語有著強大的力量，自己代表國家門面，所有動見觀瞻都會影響整個國家，也必須具備強大的論述能力和高EQ的反應能力。

二〇一八年九合一選舉中民進黨敗選，蔡總統辭退黨主席，並決定透過自媒體重新與民眾建立連結，而鶴明則負責總管臉書、ＩＧ等社群媒體。某次蔡總統「突襲」西門町，推廣臺灣觀光，遊客們紛紛搶著與「野生小英」合照，這個突發活動藉由社群媒體的推廣，得到極正面的迴響。這個經驗使他了解一件事：社會要進步，需要與民眾互助，社群媒體是一個有機體，若透過社群的力量，並不斷傳遞正能量，人民一定會有感。依循這個理念，他陸續主導許多首開先例的跨界合作案：與插畫家合作Q版的蔡總統插圖，將減稅政策以趣味的方式推廣；與多位網紅攜手帶著毛小孩拍攝公益桌曆，並將收益捐給動保團體等等，都得到相當正面的回饋。

「一步棋，一步著」，從帶領學生營隊到投入多項重大選舉，再前進北市府、總統府擔任發言人，直到現任黨副祕書長，隨著能力與位階的提升，鶴明始終堅守著自己的政治信仰，因此能在不同派系和政黨間連續得到三任重量級老闆的重用，並且做到步步高升的地步，在政治圈內相當難能可貴。

俗諺44 「家和萬事興，家亂萬世窮。」

【字義】一家和樂便無往不利，一家吵鬧便代代貧窮。

【釋義】家人同心與否影響深遠。

優衣服飾設計的張尹瑛總經理，是我參加廉政署與臺南市政府政風處舉辦的外商及企業誠信論壇（以下簡稱正風幫）時認識的女企業家。張總的臉上總是掛著笑容，像個鄰家大姐姐般帶給我溫暖的感受，而這樣的態度要從其不分家的家風開始說起。

張總出生在一個大家族，從長子父親到二叔、三叔，再到堂弟妹們，目前共二十多人住在同個屋簷下，一起生活。她從小由二嬸代為照顧，每天幫她簽聯絡簿、洗衣服、做飯、送便當，就像親生母親般對她視如己出。全家人感情非常好，每天都一同享用早、晚餐，客廳掛滿了家人們新婚的全家福合照。

張總家經營學校團體服飾業，是臺灣南部第一家從設計到生產統包的公司。她在大學讀企管系，畢業後原本想到大企業工作，但在父親的期望下回到家族事業擔任基層幹部。她必須熟稔廠務、財務、業務等各部門的事務，旺季時幾乎每天工作十八小時，一度壓力大到崩潰痛哭。於是她開始正視工作與生活平衡，決定每年給自己一點緩衝時間，安排深度自助旅行，也因此遇見了浮潛教練的埃及老公，兩人一同回到臺灣生活。

這段異國婚姻使張總從家族事業跨了出去，開啟國際貿易經歷。她先與協和國際Discovery合作販售埃及商品，後來受法國羅浮宮埃及展策展單位之邀，成為重要協辦之一，接著開設全臺第一家埃及主題餐廳。十分有生意頭腦的她將餐廳經營得相當成功。一般來說餐廳只有在六日生意最好，為了提高業績，她在週三和週五安排肚皮舞表演，結果客人絡繹不絕，生意好到漢神巨蛋來談櫃位進駐。

就在主題餐廳不斷創下好口碑之際，張總面臨一個天人交戰的決定——父親希望她放棄創業，接下家族事業。回想起小時候，阿公和父親打造出獨一無二的家族凝聚力與團結理念，衡量全局並再三考量後，她忍痛收掉如同第二個小孩的主題餐廳，回歸家族，全心全意投入家業。回家接班後她重新打造組織，安排兄弟姊妹合適的職務，在既有的事業基礎上開啟不同思維的經營，讓每年業績不斷提升。

「家和萬事興，家亂萬世窮」，我深信張總一家同心協力、情誼深厚的家族文化對她的影響甚遠，也造就了今日事業上的成功與溫暖而有智慧的人格特質。

俗諺45 「好馬毋停蹄，好牛毋停犁。」

【字義】好馬奔跑起來不會停蹄，好牛拉起犁來不會歇步。

【釋義】若想成功就要持續前行。

張瑞昌（Michael哥）是我在臺大農經所的同班同學，當時的他已經是一位成功的跨國創業家，擔任瑞昌營造董事長、軒然股份有限公司（越南）董事長，也是臺中國際高爾夫球場總經理，公司橫跨臺灣與越南兩地。他為人客氣謙虛，在學校相識後我們就成為非常好的朋友。

Michael哥的卓越表現來自於嚴父的影響。他的父親白手起家，是臺中早期的知名建商。他是家中唯一的男生，父親從小就嚴格培訓他，期望他未來事業有成，也安排他到美國讀書，鍛鍊獨立自主的能力。搬到美國後，交友和生活都得重新開始，黃皮膚的他曾在高中遭到同學排擠、言語霸凌。升上大學，他加入學生社團組織Tau Delta Phi兄弟會，漸漸在團體中找到慰藉和力量，而且當到副會長。這段經歷對他的改變非常大，不僅磨練出領導統御的能力，也認識了最要好的朋友。

回臺後，Michael哥沒有忘記父親對他的期許。他先到一家建設公司做基層的工作，從工地現場的監工到品管都努力學習，逐漸累積實力後，陸續參與高鐵彰化段、燕巢機廠等重大建設的興建，又到臺中康寧的廠房繼續累積工程經驗。

某次，一位在越南擔任上市公司總經理的朋友有蓋廠房的需求，需要臺灣人才的協助。然而當時的臺商都往中國發展，鮮少人願意到越南，但Michael哥一心想著幫忙朋友解決問題，於是接下這個任務，也順利完成。他講起那時的胡志明市，所到之處都是田地或矮房，只有三棟大樓，完全不是今日熱鬧繁華的模樣。但這個機緣使他看見新的市場商機，決定深耕越南，在當地發展建築事業，成為早期的拓荒者。

「好馬毋停蹄，好牛毋停犁」，Michael哥馬不停蹄地拓展國際視野，陸續參與了澳洲建設公司在上海世界博覽會的澳洲館建案、IKEA在北京的案子，以及默克藥廠在杭州投資數十億美元的大案子。臺灣有許多優秀的營造業人才，可惜的是不少人選擇留在臺灣發展；而Michael哥富有冒險精神，願意突破同溫層，去到越南、中國闖蕩，挑戰國際舞臺。

貴為跨國企業董事長的Michael哥過著樸實無華的生活，總是穿著短褲、拖鞋，騎著機車，吃路邊攤。只要我到臺中，他無論再忙都會招待我，要我住他家，還幫我準備全新的換洗衣物。他完全沒有藏私人脈和事業，帶我去越南參觀國際級的建案，甚至與重要人物洽談生意，激起我也想到海外挑戰的決心。今年我考取了國立中興大學在越南土龍木大學開設的EMBA專班，準備當起空中飛人。感謝Michael哥的引領和分享，衷心祝福您的事業更上一層樓。

俗諺46

「甘願做牛，毋驚無犁通拖。」

【字義】願意當牛，就不怕沒田可犁。

【釋義】認真努力，不怕沒機會。

梁功斌（梁哥）也是我在臺大農經所的同學。剛入學時我就注意到這位兩岸運動界的傳奇人物，竟然和我一樣出現在教室裡。從職棒播報員、廣播電臺主持人、電視臺主播，再到創業家、中職祕書長，又受中信慈善基金會董事長辜仲諒之邀擔任中信兄弟隊顧問，梁哥持續在國內外的各類型運動產業燃燒自己的熱情。

中華職棒創立元年，梁哥就進入播報組擔任專員，是臺灣極少數在兩大職棒聯盟（中職、那魯灣）籌備期就加入的開拓者。當年他夾雜著中臺英三種語言，搭配亦詼亦諧的口條，令許多元老球迷迄今仍津津樂道。在老闆的推薦下，他加入行銷與經營部門，又升任宣推部主任，為公司爭取更多曝光和收益。

現在許多我們認為稀鬆平常、理所當然的事情，其實都源自於前人的創意和努力。原本棒球賽開打前都放著沒有版權的音樂，但梁哥想到去找唱片公司合作。和許多唱片公司談妥後，他向對方收取每月十五萬元的授權費，也讓藝人在球場開唱、宣傳新歌。經過他的妙手，從付費買版權，變成他人出資並提供音樂、氣氛等素材。球賽一年打八個月，這樣的巧思為中職增加破百萬的收益。在那個還沒有電視、廣播轉播職棒的年代，他成功說服老三臺（臺視、中視、華視）和廣播公司進行轉播，對於臺灣棒球的推廣無疑是大躍進。

臺灣大聯盟成立後，梁哥擔任那魯灣副總經理，並到中國推動賽車運動，可惜受到金融海嘯的影響未能成功。他並沒有放棄，留在北京成立達陣棒球莊園，在當地的部分中學從事棒球扎根與兩岸交流的工作。達陣棒球莊園是中國第一家由私人投資的棒球場，擁有兩大（棒球場）和一小（壘球場）的完整規模，任何一個錦標賽幾乎都可在莊園內一次解決。後來莊園經營不善而交由他人接手，他仍秉持著對運動的熱情，將棒球精神傳遞在海峽兩端。

檯面上許多中華隊總教練、元老級球員都是由梁哥負責簽約。他堅守一個最基本的原則：絕不讓對方請任何一頓餐，以避免落人口實或發生沒必要的問題。美國大聯盟、日本野球機構的球探若來臺灣挖角適合的球員，都會找他作為引薦的keyman，可見他在臺灣職棒界的地位。

拿出熱情和創意，在一個領域做到極致，於梁哥的身上完整體現。這位臺灣職棒的拓荒者謙遜地形容自己就如「甘願做牛，毋驚無犁通拖」，在每個角色的扮演上都實踐了這樣的人生態度。

俗諺47「信用毋顧，人客斷路。」

【字義】不顧信用，客人就不會與你往來。
【釋義】做生意沒有誠信，顧客就不會再上門。

匯晟投資、樺薪文教董事長陳威丞，是我在補教界的同業。我們由於年紀相仿、理念相近，成為無話不談的莫逆之交。

威丞之所以投入補教事業，可以回溯到大學時期。就讀成大的他當時在補習班打工，接觸到一群小他幾歲的高中生。他發現，在臺灣的教育體制下，補習班相較於學校，或許是一個對學生的社會化過程影響更深的地方。倘若學生有些難以向學校老師傾訴的煩惱或困難，通常比較容易向補習班的工作人員聊起，補習班老師也能及早把握學生的學習狀況、同儕問題，並協助學生抒發情緒。因此他在大學時期就立志從事補教工作，提供良好的教學和輔導，讓孩子們走上一條正確的路。

有關經營補教事業，威丞的祖父影響他甚遠。他回想起國小二年級發生一件令他印象深刻的事。當時天氣過熱，家裡養殖的鱸魚因為缺氧而大量死亡，其他養殖戶也是如此。眼見同業們紛紛急忙於將僅存一口氣的魚撈起來出貨，祖父卻對著父親說：「這些魚全部撈起來燒掉吧！我們自己都不敢吃的魚，你敢拿去賣給人家嗎？」「信用毋顧，人客斷路」，做生意不只是單純追逐利益，提供給消費者的商品和服務也必須是自己認可的，這是對客戶負責，也是對自己負責。

值得一提的是，數年前威丞和我分享一個小故事：

「其實在認識你之前，我只知道你是我的補教同業。真的認識你之後，我很仔細去看你的粉專，才發現這個人真的跟其他同業差太多了，怎麼有人會認真分享自己的經營撇步啦！但你卻是真心誠意在回覆別人的每個問題。」

如果人人都自私利己，自掃門前雪的心態在每個人的心中萌芽，那麼憾事只會愈來愈多，這個社會也會更加的不好。威丞決定實踐利他共好的價值觀，對經濟狀況不好的家庭提供各種學費優待。在疫情期間，許多家庭的經濟狀況遭受波及，而在威丞的補習班，凡是受到減班或停班的家庭，學費一律半價，被裁員的家庭則是學費免費。他希望在自己力所能及的範圍內協助更多的父母和孩子，帶動正向循環。

所謂的利他，其實可以讓自己獲得更多。當我們願意付出更多，使更多人受到協助，而當他們願意幫助更多的人，我們的社會不是可以變得更好嗎？

俗諺48

「錢四跤，人兩跤。」

【字義】錢有四隻腳，人只有兩隻腳。

【釋義】與其追著錢跑，不如專注培養自己的能力。

進到臺大農經所之前，我早在《商業周刊》拜讀過陳郁然老師的專訪文章，沒想到能上到老師的課，真是我莫大的榮幸。無論在行銷實務或人生態度上，陳老師一直是我的學習典範。

陳老師生長在務農家庭，從小就得四點起床幫忙切香菇。家裡雖然種田，但連盼到一碗白米飯都是奢想。為了翻轉命運，國中畢業後他離開家鄉臺南，去到新竹就讀新竹中學，過著半工半讀的生活。然而當年家裡不諒解，只給了他十塊錢（當時只夠吃兩頓飯）當作盤纏，可真是一段苦日子。

大學畢業後，陳老師跨出臺灣，在世界各地奔波，他形容那段時期的自己就像是浮萍。他在日本筑波大學念完經營管理碩士，又到行銷管理領域最高學府的瑞士洛桑國際管理發展學院（IMD）攻讀MBA。IMD畢業後，進到當時每個行銷人都想上去的「頂樓」——瑞士的寶僑家品（P&G），見識到全球最頂尖的行銷玩法。三十九歲那年，進到紐西蘭奇異果（Zespri）日本分公司擔任總經理。身邊朋友都無法理解擁有國際MBA學歷的他竟然跑去賣水果，但老師卻從常人眼中的「荒唐」看到發展前景，隨即迎接自己的人生高峰。

當時紐西蘭奇異果大量傾銷，打亂市場秩序，遭受國際控訴。Zespri於是縮減進口商的額度，卻導致進口商轉而投向競爭者，引進更低價的智利產品，紐西蘭奇異果市占率因而一落千丈。為了翻轉劣勢，陳老師三番兩次拜訪進口商，展現誠意，同時以新研發的金色奇異果打入日本市場，進而在日本、韓國、臺灣熱銷，日本更成為最大輸出國，獲利貢獻就占了四二%，等於整個歐洲市場的營收。這個成功使Zespri從崩盤邊緣站了起來，進攻到亞洲、美洲、紐西蘭。他就任Zespri全球行銷暨業務總裁，締造一年新臺幣四百四十億元的營業額，創造年銷二十五億顆奇異果的銷售成績單。

「錢四跤，人兩跤」，陳老師認為：「年輕人要累積的資本不是錢，而是視野。」

「錢跑得比人快。你立志賺錢，賺不到大錢。你立志把事情做好，錢就會來。」他也與我分享為人正直與生活行銷的價值觀：培養生而為人的品格，人人都應善用行銷的手法，了解不同族群的立場和想法，進而將自己當作產品推銷出去。我深刻感受到老師對於行銷的熱愛與專業，更以此為價值觀勉勵自己不斷前進。

俗諺49

「弓蕉吐囝為囝死。」

【字義】香蕉母株吐子，待子成熟後便枯萎死去。

【釋義】為了孩子犧牲奉獻。

臺灣璞育文教發展協會理事長黃雅聖，是一位關懷偏鄉教育、推廣地方創生的優秀創青。年紀輕輕的雅聖，其豐富的閱歷令人難以置信。大學時期的他原本規畫在北部闖闖，但家業出了問題而回到臺南幫忙。這個意外的決定，就此開啟了他成為教育工作者的路。

某天，雅聖接到母校新東國小的代課邀約，他因而走進偏鄉學校擔任起老師。憶起和孩子們的相處，他提到一件最難以忘懷的事。某次帶著學生去電影院看《看見臺灣》，由於孩子們是第一次看到電動手扶梯，卡在前面不敢上去。費了一番工夫，最後剩下一位體重八十公斤的男同學依然不敢邁出那一步，六十公斤的雅聖便將他抱上手扶梯。當下令他震撼的是，原來我們習以為常的事物對於這些孩子而言是如此的陌生，而且卻步不前。那麼，未來他們離開家鄉、踏入社會，又會遇到多少的阻礙？最後是否又因卻步不前而只能回到自己熟悉的地方討生活？這次的「看見臺灣」，雅聖看見的比別人更多，感觸也更深。最好的教育是從陪伴開始做起，並協助孩子找到生存方式，他對此深信不疑。

某年暑假，幾位臺南藝術大學的學生多次來到雅聖的家中拜訪，希望一起到社區活動中心開課。這個機緣使他走進社區——那個十多年來從沒去過的活動中心。他和南藝大學生一起擺攤、寫文案、設計活動和包裝，進行初步的推廣工作，直到學生畢業了他仍然持續做這些事。小至簡報解說、帶團導覽、販售農產品，大至推廣地方產業、爭取地方學童的教育資源，他一人分飾多角，全部親力親為。為了全力投入，他甚至放下原先手邊的工作，成為沒有收入的青年。

說到臺灣璞育文教發展協會的成立緣由，是雅聖的一位高中學生。這位學生由於家庭經濟而不得不休學工作。最後他們合力想到一個解決方法——半農半讀。這位有務農背景的學生採用自然農法，不施灑農藥和化學肥料，自己製作肥料，取之於自然，共生於自然。這個嘗試讓他知道，原來教育可以這樣與農產業結合，學生能在務農的過程繼續念書，並於栽種的過程學習付出與收穫的道理。

這些年來，從投身偏鄉教育、地方發展，到現在和一群夥伴成立協會，為了改善地方學童的困境，雅聖不知過了多少有一餐沒一餐的生活，就如「弓蕉吐囝為囝死」，持續為這片土地的孩子們無私奉獻。

俗諺50

「艱苦頭，快活尾。」

【字義】先辛苦，後輕鬆。

【釋義】苦盡，才會甘來。

協奏曲整合行銷有限公司的葉俊麟營運總監，是一位擁有強大人脈串聯能力的企業家，也是讓我學習利他共好精神的榜樣。幾年前，沒沒無聞的我有幸與徐重仁總裁受邀到金石堂新營店舉辦分享會，俊麟哥特地跑來參加，我們因此相識。他就像是強大的人脈樞紐，時常結識各領域人士，並積極提供大家交流的舞臺。前面提到的正風幫成員中，有大成長城副總裁、統一企業發言人等八間大企業的大人物，如此堅強的陣容都是透過他的串聯所組成。

俊麟哥原本是個害羞內向的孩子，只要上臺自我介紹就會緊張到發抖。上了大學後，一位政商關係相當好的同班同學讓他見識到人脈的力量，因此下定決心要改變自己。他擔任全校最大社團救傷隊隊長，統領一百多人，也兼任系學會副會長，逐漸種下人脈串聯和資源整合的基礎，也立下創業的決心。

然而，俊麟哥的工作歷程卻相當波折。為了籌措創業資金，他一畢業就投入軍旅生涯，當了三年的職業軍人。這三年忍受著軍中高強度的操練，並且省吃儉用，終於存到第一桶金。退伍後，他卻發現自己長期被訓練成一個口令一個動作，也不擅言辭，於是先從事業務類型的工作。他曾在知名廣播電臺擔任廣告業務，也曾和夥伴合開餐廳，經營了七年卻因合夥問題而結束營業，後續又受朋友之邀共同經營顧問公司。業務、行銷、設計、公關、SOHO族、合夥人、經營者……他輾轉做了各類型的工作，在上班、接案、創業之間來來回回。如此多舛的經歷，使他曾一度對未來感到徬徨，即使如此，心中一直有個聲音告訴自己：冥冥之中會有安排。

在一位客戶的建議下，俊麟哥自己開了行銷接案公司，擔任營運總監。由於有過先前的波折經歷，練就出全方位的技能，事業逐漸上軌道，現今全臺灣許多大活動案子，舉凡嘉義市花海節、臺灣設計展（臺南）、故宮南院泰國月文化市集，以及諸多跨年晚會，都是由他經手。

「艱苦頭，快活尾」，為了累積創業資金而投入軍旅生涯，為了磨練創業技能而嘗試各領域的工作，歷盡一番辛苦後，終於嚐到甜美的果實。

俗諺51 「靠山山會崩，靠水水會焦。」

【字義】靠山山會崩塌，靠水水會乾枯。

【釋義】凡事自立自強。

佳皇紙業廖珮伶董事長也是正風幫成員之一。紙業、傳產這樣的關鍵字，讓我們很難想像管理這家企業的是一位女性，她不僅是女中豪傑，其帥氣專業的氣場令人相當驚豔。而這背後的故事，要從她三十二歲那年父親驟逝開始說起。

佳皇紙業於一九七四年由廖董的外公所創立，隔年正式營業。原始股東結構有六、七個家族，至今傳了三代，股東人數非常多。二〇〇〇年佳皇紙業至大陸投資，跟著大客戶水泥廠西進，時任董事長的父親由於過度操勞，身體受到影響。某天父親因為胃不舒服而去醫院檢查，結果竟然已經肝癌末期，四個月後就離開人世，當時廖董才三十二歲。人走茶涼，物是人非。從父親不在的那一刻起，她知道一切只能靠自己。

父親去世後，廖董臨危受命，接任代理董事長，即使家族是大股東，接班過程卻波濤洶湧。由於她沒有經營管理的學經歷，可想而知老員工們不會服氣。為了增進自己的專業，當時的她挺著八個月的身孕四處奔波，主動進修經營管理、金融財務等課程。然而面對為數眾多輩分與資歷都比自己年長的股東們，可說是一大挑戰，有些股東甚至在股東會上刻意刁難：「妳不配領董事長的薪水，應該要減薪！」儘管如此，她只能咬緊牙根，告訴自己一定要堅強。

剛接班時，老員工們並沒有開會的習慣，一說要改變，其中一位資深員工竟然在大家面前摔桌子，對著廖董嗆聲：「我們會做技術就好，妳要開會，我就離職！」即使她大權在握，但並沒有與對方硬碰硬，而是選擇私下溝通，以軟性的方式說服他、留任他。在這樣的互動下，員工們變得很挺她，而且使命必達。這樣上下一心、團結一致的組織氛圍也反映在公司的經營績效上，從她接任到現在，每年都是正盈餘，即使是二〇〇八年金融海嘯也是如此，因此加深了股東們的認同感。

我第一次到佳皇紙業參觀時，廖董帶著我走遍整個廠房，看著她與員工們的溫馨互動，我的腦海中立刻浮現她過去接班打拚的辛酸血淚史，讓我更加敬佩她。她總是很溫暖地問候我，給予我許多正面鼓勵，讓我深切感受到一位領導者以德服人的風範。

「靠山山會崩，靠水水會焦」，廖董從零開始累積專業、與資深員工用心交流，直到現在帶領上百位員工，並與數十名股東交手，我相信在她的經營下，佳皇紙業一定能永續經營，成為傳統產業的指標。

俗諺52 「一枝草，一點露。」

【字義】每一株草，都有一滴露水。

【釋義】天無絕人之路。

即刻送有限公司總經理熊立宇，和我一樣是重仁塾的塾生。我們跟隨徐重仁總裁（徐爸）的利他共好理念而相知相識，也由於同樣走在創業的路上，時常交換意見與心得，彼此更加契合。

立宇和我一樣白手起家，他的座右銘是：「先相信自己能成功，才會成功。」即刻送誕生在快遞業惡性競爭的時代。當時他的想法很單純，認為只要提供好的服務就不怕沒生意做，創業初期既沒有外送員也沒有任何訂單，僅憑藉著一顆服務熱忱的心就成立公司了。

事情往往無法順利進展，創業後立宇吃了不少苦頭。他每天靠著一通又一通的電話陌生開發客戶，而好不容易有客戶願意約訪，他也做足了準備，在價格、外送員素質和教育訓練、送件速度和時效、即時資訊化的服務流程上都費盡唇舌說服客戶，卻換來一句：「可是你們才成立不久，那萬一倒閉怎麼辦？」就這樣，連試送件的機會都沒有就被拒絕了，也不知過了多少個熱臉貼冷屁股的日子。

外送員的計薪方式是論件計酬，有些外送員為了不讓自己的薪水被新進人員「稀釋」，竟然私底下叫新人離職。面對人員管理和業績停滯的瓶頸，生性樂觀的立宇也陷入低潮。直到某天，叔叔看到他愁眉苦臉，於是對他說：「這麼多的人，包括家人朋友都在默默支持你、幫助你，你一定要成功，而且你一定會成功！」這句話令他恍如晴天霹靂，瞬間清醒過來。如果連做領頭羊的人都自認無法解決問題，那怎麼可能成功？怎麼可能帶領大家前進？當你相信自己會成功、會找到解方，那就會成功、會找到解方。「一枝草，一點露」，從此之後，他咬緊牙根，帶領團隊前進，也順利突破瓶頸，在市場上取得卓越的成績。

每位經營者都有其獨特的心法，立宇也不例外。《稻盛和夫如何讓日本航空再生》一書提到，只有先打動員工的心，才能打動客戶的心，令他點頭如搗蒜。他也從一個亟欲表達自己意見的人，轉為傾聽他人意見的人，為員工、客戶著想。漸漸的，員工開始介紹朋友來公司跑件，客戶也不約而同介紹其他客戶，心變美了，花就開了。人的境遇很奇妙，物隨心轉、境由心造。當你轉念，答案就自己跳出來了。

與徐總裁相識後立宇把「走一條利他的路」奉為圭臬。創業家一定要時時刻刻反問自己：企業存在的目的是什麼？是賺大錢？是做大規模？還是成為幸福企業？答案莫衷一是。他對幸福企業的解讀就如日本經營之聖稻盛和夫所強調的：「追求全體員工的幸福，並為社會做出貢獻。」這也是即刻送的理念，沒有什麼比這更重要。

我相信在立宇善的理念與堅持下，即刻送在未來勢必會更上一層樓。加油，立宇！

俗諺53

「樹頭徛予在，毋驚樹尾做風颱。」

【字義】站穩樹根，就不怕樹梢被颱風吹襲。

【釋義】光明磊落，就不怕被中傷。

潘新傳董事長是樂活長照集團董事長、民進黨臺南市黨部主委，更是一位「天道酬勤、傾財聚人、厚德載物、德行天下」的企業家。

「周博，我跟三、四組人探聽過你，他們都說你很不錯，所以我想找你加入團隊。」

三年前，潘董親自來到新營，找我加入黃偉哲市長黨內初選的核心團隊，負責網路與實體行銷，協助打一場高強度的競賽。能獲得位居要津的董事長器重，令我又驚又喜。

潘董和黃偉哲市長都是五十二年次出生，二十多年前市長初入政界參選國大代表時兩人就相識，此後成了最佳拍檔。政治有著太多現實面，但在潘董身上只看到講誠信、重義氣這幾個字，從黨內初選到市長大選都扮演著最重要的幕後推手。他謙虛地說：「我是一個在臺南柳營長大的鄉下小孩，能有機會協助黃偉哲市長登上市長寶座，對我來說已經足夠。」

我發現，潘董做任何事並不是以名利為出發點，他認為錢夠用就好，若行有餘力，要多回饋社會。二〇〇九年，他和老婆拿出畢生積蓄，經營第一家安養院。起初遇到許多旁人無法想像的經營壓力，但他始終認為危機就是轉機。推出長照2.0中耗時費心的到府送餐服務時，相較於許多同業不願投入這塊市場，他卻選擇耐著性子，用心對待長者，反而經營得有聲有色，現今已有四間長照機構。

潘董常說自己經營的是「人」的事業，我在其麾下打拚時就體驗到「用人不疑，疑人不用」的領導統御風格。他總是預先協助團隊排除達成目標時可能遭遇的困難，並充分授權，讓我能心無旁騖地發揮所長，盡一點綿薄之力。即使面對江湖上的爾虞我詐，他總是秉持著助人的初衷，就連許多曾經失信於他的人回過頭來找他，他仍會再給對方一次機會。「樹頭徛予在，毋驚樹尾做風颱」，他說「怕熱就不要進廚房」，只要行得端，坐得正，便能問心無愧，心安理得。

「周博，你就大膽去做，我一定挺你！」時至今日，我仍然忘不了潘董對我說的這句話。簡單的一句話，卻是最溫暖的力量，鼓舞著我的心。潘董，您是我人生中重要的貴人，衷心感謝您。

俗諺54

「毛毛仔雨落久，塗嘛會澹。」

【字義】毛毛雨下久了，土也會濕。

【釋義】積少成多，滴水穿石。

立法院副院長蔡其昌辦公室特助、中華職棒會長辦公室主任的蔡克斯，是我在十多年前參加學運時就認識的老朋友。他是雲林麥寮人，由於當地就業機會較少，同鄉友人紛紛到都市發展，他也在心中默默許下一個願望——一定要力爭上游，讓父母以他為榮。鄉下出生的孩子通常有兩種類型，一種是被現實所逼而自我放棄，另一種是努力翻身、渴望成功。他屬於後者，不向命運低頭，有著反骨的個性：「愈打壓我，我愈要出頭天！」

就讀弘光科技大學的克斯已經是位網路紅人，經常善用社群影響力，幫忙在路邊賣東西的婆婆宣傳。當時，多名大學生陸續在通學必經之路的中港路、中棲路慢車道上發生車禍，大二的他藉由部落格串聯了多所學校，發起黑色和平運動，要求市政府正視學生的用路安全，也獲得實質的改善。臺中的國際知名景點彩虹眷村面臨拆遷時，大四的他發起彩虹眷村保留運動，串聯聲援而保住了彩虹眷村。我相信，如果沒有克斯的見義勇為，學生們就沒有一條安全上學的路，彩虹眷村的獨特圖繪也無法被世界看到。

畢業前夕，蔡其昌副院長邀請克斯加入團隊，從撰寫新聞稿到處理民眾的陳情案，統統手把手地教導他。起初，他寫的每篇新聞稿都被改得滿江紅，經過一年多的努力，終於得到副院長的認可，無須審稿就可直接發布。他打趣地說：「很多時候都是老闆隔天看了報紙才知道有這篇新聞。」從地方到國會，他跟隨副院長學習法案的研究與撰寫，也進入核心部門，主掌文宣、公關、新聞等工作。他發揮學運時期的領袖魅力，身兼發言人與新聞聯絡人。

跟在副院長身邊多年，看了許多人情冷暖，學到說話的藝術、談判的技巧，對任何事情不偏聽也不偏談，時常謹記副院長的指導：「交朋友是交你這個人，而不是交你這個位置。」克斯也分享「不爭」的價值觀——在幕後做好自己的事，協助老闆、朋友，並堅持保有這份初心。擔任村長的父親也受到他的影響，不爭一時的位置，而是專注於服務村民。

一開始加入蔡其昌副院長的團隊時，團隊成員只有三人，他們從最艱苦的時候打拚。「毛毛仔雨落久，塗嘛會澹」，累積了十多年來的信任，克斯與副院長建立起革命情感，獲得老闆百分之兩百的授權，成為其核心左右手。

俗諺55

「飯愛家己食才會飽，經愛家己讀才會熟。」

【字義】飯要自己吃才會飽，書要自己讀才會熟。

【釋義】親力親為才有收穫。

賴惠員委員是我出社會的第一位老闆。在服務處，大至重要服務案件、人脈經營，小至事情的眉眉角角，委員從不因身分的不同而有所保留，總是徹頭徹尾傾囊相授。伴隨在她身邊的十年歲月是我人生中的精華時光，心中總是湧起滿滿的感謝，委員實在是我永遠的老闆。

委員的政治生涯發跡於戒嚴時期，在那個動盪不安的時代，她和丈夫張志仁醫師出於對鄉里的熱愛，積極投入黨外社會運動。後續曾擔任陳唐山縣長夫人的祕書，也受蘇煥智縣長之邀擔任過縣政府顧問，持續在幕後為地方付出。直至女兒們長大成人，加上丈夫的支持，才於二〇一〇年首次參選臺南市市議員。

時隔多年，我忘不了當年委員在嘉大邀請我加入她剛成立的競選團隊時，散發出的堅定眼神。那時的我是個研究所還沒畢業的小夥子，委員的競選團隊也只有一輛車和她自己一人。我出生在政治家庭，深知傳統政治充斥太多黑暗面和打高空的政見，曾一度排斥碰觸政治。然而委員放棄醫師娘的生活，轉為擁抱人民，這需要很大的勇氣，燃起我想為故鄉做事的熱情，二話不說投入團隊，成為頭號員工。

經過高強度的奔波，老闆以最高票當選市議員，並於二〇一四年九合一選舉連任。二〇一八年市議員選舉選區增為六區，多位同黨籍新人角逐參選。時任黨中央評議委員，又有兩次市議員經歷的老闆，兼顧提攜後輩的角色，經常為新人候選人站臺。開票後，同黨籍候選人高票當選，老闆以些微之差，連任失利。選後我跟著老闆謝票、拜訪，遇到許多不捨的支持者，但老闆的態度相當正向：「今天其他後輩都有選上，讓我沒有愧對主席對我的託付。」這句話令當下沉浸在難過情緒的我深受勉勵。身為幕僚，朝夕陪在老闆的身邊，我們都很清楚她早已心力交瘁，心情低落到谷底，卻仍然有如此的成人之美。

臺南市市長黃偉哲得知選舉結果後，立刻邀請老闆擔任臺南市政府民治市政中心市長辦公室主任，繼續為臺南效力。與此同時，她召集我和其他元老級成員，檢討敗選原因與改善之處。經過理性分析，團隊判斷這次落選並不是因為怠惰，而是多位候選人引起的結構性問題。於是老闆毅然決然辭去市長辦公室主任一職，帶著家人與選民的支持，重振旗鼓，再戰二〇二〇年立法委員大選。面對黨內初選三大強敵的夾殺，老闆以三〇．六五％的支持民調出線，勝過第二名七個百分點之多，可謂人民心之所向。競選期間，許多選民紛紛表達「希望再給賴惠員一個機會」，最終以近十萬票大勝五連霸議員對手，奪下立委寶座。

老闆的從政之路不同於其他同齡的政治人物，近五十歲才步入政壇的她每天按表操課，從早上四、五點參加公祭致意，一路忙到晚上十一、二點還在拜訪選民。某次我帶著紅豆薏仁去為老闆加油打氣，她竟然吃不出甜味。檢查後才發現，積年累月的忙碌導致免疫系統出了問題，味覺受到影響。即使身體出了狀況，老闆僅接受基本的藥物治療就往下個行程邁進。這些衝勁都源自於她對這塊土地的熱愛。當年丈夫張志仁醫師在大新營區開診所執業，之所以能經營起來都有賴於民眾的支持，老闆沒有忘記這份情，拚了命地投入公共領域。

市議員落選對於老闆而言無疑是人生中的一大打擊，然而她的為人處世印證了一件事：即使遭遇挫折，長期的努力付出與永不放棄的態度，讓身邊的人始終對她不離不棄，這就是最好的回報、最大的收穫！「飯愛家己食才會飽，經愛家己讀才會熟」，凡事親力親為，並將挫敗化為前進的動力，才能日復一日對所愛的土地付出最高品質的服務。

結語

回首第一份工作，賴惠員老闆無私地手把手傳承我許多眉角，也正因為那段時間的磨練，讓我在日後面對任何事情都無所畏懼。

「專業尚未建立之前，機會來自於態度。對於新人而言，態度勝過一切。」

我秉持這樣的信念要求自己，那段時期我「自願」留下來加班。因為當一位老闆願意毫無保留地傾囊相授，就是對一個新人的最大肯定。當我面臨創業和政治工作兩頭燒，老闆鼓勵我全力衝刺自己的事業，把我視如己出，不吝嗇地栽培我。此後在人生的各階段遇到每個挑戰，我都會想到老闆。沒有她的教導，沒有她給予我歷練的環境，就沒有現在的我。衷心感謝賴惠員，我終生的老闆。

如果你搜尋這本書或我的臉書，會發現關鍵字就是夢想、堅持、熱情……這些旁人看來老掉牙的東西。因為我是個平凡人，再加上年少不懂事，浪費了大好的青春時光，只得用不顧一切的傻勁、衝勁、虛心來迎頭趕上，在這條土法煉鋼、苦幹實幹的路上耕耘著，原因無他，因為我想成功！也因為這樣，一路走來，贏得了願意提拔我的貴人，博得了願意跟我一起拚搏的夥伴。當你夠傻、摔得夠慘、慘到谷底仍然爬起來持續堅持，你會發現全世界都會來支持你！

猛然回首，我發自內心覺得自己真的很幸運，也因為很多小事情而真心感動。當你熬夜打拚，發現夥伴們其實也還沒睡，大家都不約而同在不同空間做著同樣的事，心也是向著同個方向，你會有一種感受：

「其實我並不孤單。」

無論如何都有一群人對你不離不棄、始終陪在你身邊。就如「結網理論」，如果蜘蛛沒有把觸角伸往外圈，即使食物（機會）來臨、有同伴（貴人）相助，也會因為無法成為更大的圓而失去機會。而最可貴的是，當你和一群夥伴全力衝刺目標的同時，彼此都能發自內心「對事不對人」，對於每件事情理性溝通、修正、迅速回應。因為每位夥伴也跟你用一樣的態度面對每個挑戰。**每一天的每件事、每個人，都能讓你體悟、感受、歸納重點，學習與進步**。

十多年來，從半工半讀、出社會的第一份工作，直到和夥伴們經營補教事業，我所提供的就是「服務」，也深刻體會到，**人是感性的動物，不論做任何事，「有溫度」是最重要的**。

許多家長經常問道：「你們老師條件都不錯，為什麼不到臺北或其他機會比較多的地方呢？」「為什麼要回新營工作呀？」的確，求學階段的同學們十之八九都在外地打拚，畢竟工作機會多、生活機能方便，曾經每週跑臺北念書的我，也很難不被都市的一切所吸引。但其實，如果故鄉有適合的工作，年輕人何嘗不想回到自己的家鄉呢？畢竟父母、回憶，還有根，都在這裡。衷心感謝故鄉的學弟妹和家長們，以及這裡的一切，是你們讓一群傻子知道堅持夢想是有機會的。

來到本書的尾聲，我想分享一張連我自己都覺得很不好意思的照片（其實是被主編逼的）。這是我國高中到大學的叛逆時期，父母不知用多少的血淚、多少個夜晚，寫給我的規勸文字，一疊又一疊。沒有父母辛勞工作，供養我讀書、補習、日常生活開銷，根本不會有現在的我。大學開始我就發誓要努力改變自己，做個讓父母驕傲的孩子。

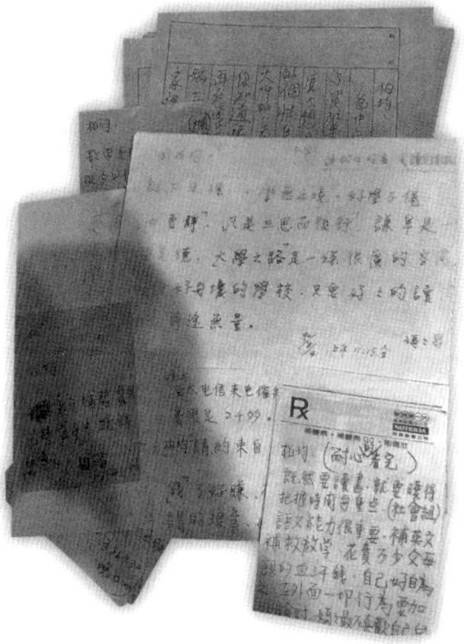

現在，我的角色是公司的經營者，隨著事業體的擴張、同事和學生人數的增加，伴隨而來的已經不是單純把個人的工作做好而已，而是提升到全面性、結構性的高層次，個人的努力早已趕不上「資源

共享×團隊合作×人脈加乘」所創造出來的綜效，我很樂於在這樣的環境。所謂的經營者，就像是一艘船的船長，一起築夢的夥伴是船員，消費者是快樂出航的旅客。從組織策略到工作事項，全部的勝敗與責任，以及同事生計，經營者責無旁貸，一肩扛起。

人生是一條漫長的學習之路，不只是知識和技能，家庭經營、人脈經營、事業經營、自我實現等各面向更是如此。學習面對更多挑戰、學習承認自己的不足、學習體諒和放下。共勉之。

最後，這本書能順利完成，要另外感謝三位重要人物。第一位是我的特助蔡慎祐，他畢業於國立成功大學臺灣文學系，在我平日創業繁忙之際協助我錄音、整理文字。第二位是我的經紀人許維真（Metta），她是《自媒體百萬獲利法則》（遠流）的作者，在整個出書過程協助我接洽她的多位VVIP、陪著我跑了許多場合來推廣書籍。第三位是遠流出版的編輯，也是本書主編的子逸，這一年來的撰寫期間，感謝子逸包容我因為工作忙碌而常常拖稿，並幫我調整架構、修潤文字，以更貼近讀者和市場。千言萬語難以言喻，放在心裡衷心感謝。

周博

臺諺55走跳江湖：
臺灣俗諺教會我的處世眉角

作者　　周博
主編　　陳子逸
設計　　許紘維
校對　　渣渣

發行人　　王榮文
出版發行　　遠流出版事業股份有限公司
100 臺北市南昌路二段 81 號 6 樓
電話／(02) 2392-6899
傳真／(02) 2392-6658
劃撥／0189456-1
著作權顧問　　蕭雄淋律師

初版一刷　　2021 年 4 月 1 日
定價　　新臺幣 320 元
ISBN　　978-957-32-8992-0

遠流博識網 www.ylib.com　YLib.com 遠流博識網

國家圖書館出版品預行編目（CIP）資料

臺諺55走跳江湖：臺灣俗諺教會我的處世眉角
周博 著
初版；臺北市；遠流出版事業股份有限公司；2021.04
256 面；14.8 × 21 公分
ISBN：978-957-32-8992-0（平裝）

1. 人生哲學　2. 俗語　3. 諺語

191.9　　110002900